幕后大脑

THE BLACK BOOK 2

鬼鬼 丁和珍 主编

图书在版编目（CIP）数据

幕后大脑.2，7大本土更落地的营销方法论/鬼鬼，丁和珍主编.—北京：企业管理出版社，2022.4
ISBN 978-7-5164-2556-5

Ⅰ.①幕… Ⅱ.①鬼… ②丁… Ⅲ.①市场营销学 Ⅳ.① F713.50

中国版本图书馆CIP数据核字（2021）第273836号

书　　名：	幕后大脑2：7大本土更落地的营销方法论
书　　号：	ISBN 978-7-5164-2556-5
主　　编：	鬼　鬼　丁和珍
策　　划：	华朴丨择壹
责任编辑：	江丹丹　叶　银
出版发行：	企业管理出版社
经　　销：	新华书店
地　　址：	北京市海淀区紫竹院南路17号　邮　　编：100048
网　　址：	http://www.emph.cn　电子信箱：huaputg01@163.com
电　　话：	编辑部 13366007327　发行部（010）68701816
印　　刷：	北京汇瑞嘉合文化发展有限公司
版　　次：	2022年4月第1版
印　　次：	2022年4月第1次印刷
开　　本：	710mm×1000mm　1/16 开本
印　　张：	16 印张
字　　数：	172 千字
定　　价：	86.00 元

版权所有　翻印必究·印装有误　负责调换

服务商业

独立思考

心存善念

献给

来到这个行业

努力让这个行业变好的你

愿这本书

能帮你强大一点

当你强大了

也愿你能帮助身边的人

变得更强大

这不是你的义务

是可供选择的一种责任

好评推荐[1]

对于书中的作者们，我是佩服的。其中几位都是我熟悉的朋友，我非常了解他们是在把自己工作的思路与方法以及吃饭的饭碗慷慨地、毫无保留地分享出来，忠实地记录下来。对此我深表敬佩。对于这本书的读者们，你们是有福的。这是一本实在的营销解题之书、品牌答案之书。

——空手

《传神文案》作者、品牌营销专家

本土营销的成功离不开更接地气的本土方法论。内行看门道，鬼才鬼鬼带你了解幕后那些更该了解的事。

——老苗

益合营销机构首席顾问、科特勒大师传承人导师

在我看来，营销是人生必修课，懂营销的人，往往更容易赢得他人的信任与支持，并赚到更多的财富。认真阅读这本《幕后大脑2》，你不仅能知道真正的营销是怎么回事，还能学会如何在工作和生活中应用营销理论，从而让自己变得更贵、卖得更多、活得更好！

——剽悍一只猫

个人品牌营销专家、《一年顶十年》作者

---

[1] 按名字首字母排序。

读完鬼鬼这一本,恭喜你离中国本土营销咨询方法论更近一步。我相信未来不只是叶茂中先生孤胆英雄,几乎以一己之力推广本土咨询方法论,我更希望是百花齐放,百家争鸣,这从《幕后大脑2》可窥见一二。当然okk.战略咨询也会发布属于我们自己的方法论"元神",以破解新消费品牌的可持续增长之道。

——王小塞

okk.战略咨询创始人

营销是实践学。营销理论是脚和脑一起写就的。认知战场,再系统华美的理论,都敌不过一个有手感的笨方法。

赵括谈兵的年代,词语腐败的年代,如何逃脱"知识的诅咒",伪理论的围剿?还好,我们有《幕后大脑2》这样的廉颇之书。

不论高下,只谈虚实。这本书好在都是实践者的前线输出,嗅得到铁血气和汗腥味。《幕后大脑2》来了,汝尚能饭否?

——小丰

《小丰现代汉语广告语法辞典》作者、

"人性B面营销论"始创者

让企业不走营销弯路,一直是叶茂中冲突营销最大的夙愿!但我们也深知,从来没有直达成功的捷径,所有的路都是营销人和企业家共同摸索、砥砺行至的。而在这条赛道上,想象力、创造力、洞察力、执行力……都是帮助企业快速提升品牌和销量的手段和技能,当我们了解得越多,就越能接近真相,解决冲突。

《幕后大脑2》就是一本持续进化的营销百科大全,提供了各种解决冲突的手段,总结了各门各派成功的经验,或于一个点、或于一个面、或于一个整体,告诉你破解冲突的关键!各位看官,不妨细细品味其中真味，找出适合自己的方法和工具，形成自己的方法和体系。

营销的本质，就是洞察需求；但需求从哪里来？从人性、人心、人情的冲突中来！做营销本就是和"人"的博弈，在和消费者博弈之前，在你躬身入局这个冲突的时代之前，手上多点武器，或许就能少走点弯路。

希望看完《幕后大脑2》，你能把这些聪明的脑袋别在腰上，赶路时，也许就没有那么孤单了！

——邹鸣鹤

叶茂中冲突营销总经理

自 序

新广告营销黄金时代正在到来

广告人、营销人、品牌人，正处在中国经济向全球顶峰跃进的崛起时刻，很多人对此并不自知。

忙碌于当下业务、囿于日常琐碎，这并没有错。只是时间拉长到未来，你或许就会看到，巨大的机会，正跟自己擦肩而过。

历史犹如一面通透的镜子，照清过去，也照亮前程。

今时今日，此时此地，我们面临的巨变，犹如 1978 年的改革开放，1992 年的市场经济，每一次中国与世界发生剧烈的经济板块运动，都会伴生大批优秀乃至伟大的中国企业破壳腾飞。

谁会成为下一个华为？下一个步步高？下一个阿里巴巴？

知道命运轮转的人，已经挂在了墙上。我们并不需要卓尔不群，看一看潮头勇立的新消费品牌，看一看老品牌们蜂拥俯身迁就年轻人的样子，看一看众多"企二代"陆续接棒正准备撸起袖子加油干！

时代浪潮的水花，都快溅得睁不开眼睛了，你还不抬头看一眼吗？

是国家的强盛给了企业底气，是新一代消费者给了新老品牌们推力、动力和勇气。95后、00后以及更年轻的消费群，他们很不一样，带"矿"出场的他们，一定程度上打破了国人根深蒂固的存钱和保守消费观念，更愿意为物质、精神上的美好支付钞票。

整个国家的消费趋势，也逐渐由满足物质需求，向马斯洛需求的第三、第四、第五的精神层次进发。

这时候，大量新品牌的诞生、老品牌回春、国产出海、国外品牌进中国等，明晃晃地蕴藏着大量的营销咨询刚需机会。

创意，因为微信、微博、知乎、抖音、快手、小红书、B站等社交媒体上无数博主下场，而变得鱼龙混杂，前所未有地泛滥。

只有向上延伸到营销咨询，才能让创意再次鹤立鸡群，重获稀缺的价值。这一波新广告营销黄金时代，属于能跟营销咨询顺利接轨的广告营销公司。

当然，这也是浪潮所向。

若你还犹豫，那就看一看你的同行在做什么？

科特勒、里斯、特劳特、君智等营销咨询前浪，正在疯狂寻找新血，而奥美、FF（否哲）、群玉山、okk.战略咨询、之外创意、红制作、舞刀弄影、赞意（将意）等广告猛将，正锐意向营销咨询的领地上游。

谁能笑到最后，就看谁拥有更先进的方法论。

然而，现有的优秀营销理论，常常需要跨越实操的落差——国际理论到本土实战，有沟坎；头部品牌的方法到非头部，有门槛；沿海城市的做法到下沉市场，有距离……

鉴于当前营销形势，以及第 1 季读者希望看到成体系的深度文章的反馈，2021 年 3 月 28 日，我们发起小黑书第 2 季，聚焦于发掘"当代本土更落地的营销方法论"。

经过一番定向沟通，我们特约新罐头工厂、欧赛斯、将意咨询、引力传播、张大旗战略定位咨询、湘江品牌战略营销、星翼智能等 7 家在各自领域有实战代表作品的广告营销公司的负责人或核心成员，每家以一个案例贯穿全文，15000 字左右，有定义、有原理、有步骤、有标准、有执行、有验证，从方法原理到落地执行，翔实输出自己实战验证总结出的系统、实用而广普的营销方法论，给甲方乙方营销从业者，提供更适合当代的、实效的、落地的本土营销方法论。

239 天，在作者、出版社和我们三方的共同努力下，终于把 7 大本土更落地的营销方法论，以"幕后大脑 2"之名，呈现在你眼前。

不出意外，这本书将会是广大甲方营销从业人员、策略出身的乙方营销人、希望转型开营销咨询公司的个人、希望学得系统营销方法论的个人或公司、希望自我指导的中小企业、希望回非一线城市创业的个人和营销爱好者、广告营销大学生的心头好。

7篇文章，有讲技术、灵感和认知嫁接，迅速开发消费者爱买的新消费品的创意方法论的；有讲不同于特劳特的观点，二十一步填空、练习、共创的中小微企业定位的；有讲花了9亿广告费，烧出来的线上信息流等媒体投放的底层密码的；有讲中小企业品牌基建和快速科学崛起的；有讲融汇国内外各大门派，为企业找到超级品牌引擎，建立体系致胜的经营之道的；有用故事链接消费者，帮助小品牌从巨头嘴里夺走20亿的操盘幕后全解的；还有本土营销冲突理论在公关领域创新运用的……

你可以先翻阅相关篇章的独立目录，根据自己的需求，决定从哪一篇开始读起。

本书能顺利出现在你面前，要感谢何璐伊、李文超、何支涛、梁将军、赵宁、唐军师、廖湘江、周超等8位作者拨冗梳理自身方法论，并毫无保留地分享；感谢企业管理出版社高高团队的严格品控；感谢小丰、空手、乌东伟帮忙引荐作者；感谢空手、老苗、剽悍一只猫、王小塞、小丰、邹鸣鹤的联袂推荐；感谢Hytal、向北、少青、千军等业内朋友对本书的相助；感谢数英、4A广告提案网的联合发起，感谢文案君、文案与美术的联合出品，感谢28个广告营销行业媒体大号（详见书末彩页），特地向广告营销从业者推荐这些本土更落地的营销方法论；感谢丁和珍好好想想团队的全程全力支持。当然，更要感谢正在阅读本书的你，是你让这本书得以真正流传。

新广告营销的黄金时代正在到来。

别光站在岸上观望，先别想我们会做成什么样子，在这一切成为定局之前，我们首先要做的是：顺势而为先入场。

入场之后，你可能会想，下一步怎么走呢？

从你现有业务离营销咨询最近的地方出发吧。或者，翻开本书的任何一页，然后开始构思你的营销方法论。

希望你早日拿到入场券，希望本书于你有益。

小黑书发起人

2021 年 11 月 22 日于武汉汇博苑

目录 · contents

PPAP 叠叠乐
新消费品的营销魔法 何璐伊　李文超 • 001

新消费品来了,你焦虑吗 • 003
新消费品营销背后的逻辑 • 003
新消费品营销,你要学会借用认知 • 006
无处不在的 PPAP 叠叠乐 • 007
使用 PPAP 叠叠乐的五大原则与四个步骤 • 010
三只松鼠亿级单品诞生记 • 011
　　第一步:牢牢锁定主流认知 • 013
　　第二步:洞察跨品类功能 • 019
　　第三步:寻找高关联度 RTB • 020
　　第四步:品牌沟通落地执行 • 022
结语 • 024

体系致胜
一个案例说透超级品牌引擎的 16 字诀 何支涛 • 027

超级品牌引擎只做有驱动力的策划 • 029
超级品牌引擎背后的策划观 • 030
超级品牌引擎的 16 字诀 • 034
一个案例说透超级品牌引擎的 16 字诀
　　——易太超级品牌引擎新冠军商业实战 • 035
　　市场——高度概括 • 036
　　洞察——高远深透 • 043
　　判断——原理本质 • 045
　　战略——真知灼见 • 048
　　策略——体系完备 • 054
　　表现——赤裸创意 • 059
　　配称——高度落地 • 066
　　要务——面向增长 • 085
超级品牌引擎让盈利的飞轮转动起来 • 089

故事链
消费者主权时代的品牌增长战略
梁将军 • 095

消费者主权时代的品牌增长逻辑 • 097
故事链：所谓增长，就是用故事链接越来越多的用户 • 102
    为什么是故事 • 103
    故事链的四大理论支柱 • 106
故事链的实际应用：认养一头牛案例拆解 • 108
    故事锚 • 113
    元剧本 • 117
    角色链：让更多人帮你推广商业故事 • 120
    戏剧符：视觉，就是一场戏 • 122
故事链适合什么客户 • 126
结语 • 127

讨论力就是购买力
赵宁 • 129

公共议题 • 134
制造冲突 • 139
半成品思维 • 146

不同于特劳特的观点
中小微定位二十一步
张大旗　唐军师 • 155

《定位》三强三弱 • 157
《定位》与时俱进要考虑四大差异 • 159
不同于特劳特的观点 • 160
    强调利他 • 160
    强调财务 • 163
    强调体系 • 165
中小微定位二十一步 • 166
    财务诊断 • 168
    战略诊断 • 175
    经营诊断 • 185
结语 • 190

集体符号撬动集体购买
中小企业品牌基建和崛起之道　　廖湘江 • 193

市场调研 • 196
企业战略 • 197
产品规划 • 205
品牌战略 • 206

MAP 低成本线上投放 6 字诀　　周超 • 215

如何用一套 MAP 方法论投好信息流广告 • 217
MAP 投放方法论的应用 • 221
培养投手 • 232

后记

小黑书没有第 3 季 • 237

PPAP叠叠乐

新消费品的营销魔法

五大原则：

- 至少有一个品类概念是已被大众熟知的成熟概念。
- 只能叠加一次。
- 叠加后的概念必须具备一个明确的沟通落脚点。
- 叠加后的概念可以被简单表达和理解。
- 可以在产品营销周期的任意一个阶段介入。

四个步骤：

- 牢牢锁定品牌或产品的主流认知。
- 洞察跨品类功能，了解目标用户的消费习惯和细分痛痒点。
- 寻找高关联度 RTB，嫁接认知打造超强卖点。
- 品牌沟通落地执行，将核心概念贯彻每一个沟通触点。

何璐伊 louis

广告创意营销创业者，毕业于伯明翰城市大学（Birmingham City University），视觉传播（Visual Communication）专业，硕士（MA）。

新罐头工厂联合创始人，基于对食品的热爱及对快消品行业的关注，跟三位伙伴于 2017 年成立新罐头工厂（重庆）（下文简称新罐头）。新罐头是一家专业视觉营销消费品公司，以"正确的策略 + 创意的视觉"为品牌主张，为客户最大化地实现商业价值。自新罐头成立以来，先后带领团队服务天猫、三只松鼠、瑞幸、旺旺、FIIA 等超多行业一线品牌。在服务品牌期间，创造了多个单品破亿元销量的成绩，深受广大品牌方的认可。

李文超

广告营销从业者，新罐头视频业务负责人。

新消费品来了，你焦虑吗

如果你是新消费品浪潮的参与者，那你一定焦虑过，陷入抖音和小红书等内容平台的旋涡过。你会困惑，内容创意、消费美学、颜值经济等究竟是以怎样的方式带动营销增长的？年轻人的生意怎么做？他们的小脑袋瓜儿到底在想什么？

当我们在讨论营销问题时，尤其是涉及刷屏、颜值、爆款等话题时，常寄希望于出其不意，但最后的结果却总是事与愿违。怎么办？也许我们该重新审视营销的本质，回归创造的基础元素：市场、消费者、产品本身会随着时代不断变化，但底层需求不会改变。解决新时代的营销问题，同样可以基于这些不变的底层需求，去创造新的解决方法。

新消费品营销背后的逻辑

这是一个营销打法百花齐放的时代，有的营销脑洞奇大，打破常规引你一笑；有的营销让用户无处可逃，内容简单，口号洗脑，传播渠道渗透每一个场景，被这类信息强行轰炸后，一闭上眼睛，头脑就会自动播放口号；有的营销就很懂年轻人的心思，用户不仅积极转发关注，而且还不忘兴奋地参与其中，大喊"某某品牌永远的神！"

营销打法没有对错，让我们抛开现象回到本质，从市场、消费者、产品三个维度来分析这些营销动作背后的具体思路。

这个市场，时间比钱贵。所有的商业都在围绕用户的时间分配展开竞争。每天 24 小时被分配给各类信息和工具，手机就像人的器官，我们通过手机与世界紧密地连接着。在这场竞争里，谁占领用户的时间长，谁就能取得胜利。对于用户来说，注意力被无限瓜分，就很难保持专注在单一内容上，因此我们的营销也要越来越快，能一句话讲清楚，就别用文章赘述；15 秒的短视频可以让用户笑，就没必要拍 3 分钟的广告片让用户感动。在时间的战场上，你靠什么获得关注？

消费者，需要被认同。年轻人虽然不能代表全部消费者，但对于消费品牌来说，他们绝对是兵家必争之地，他们是这个时代最重要的群体。第一财经商业数据显示，互联网经济的飞速发展离不开 90 后年轻消费力的推动。90 后消费者在全国总人口中的占比为 15%，在互联网人群中的占比为 28%，但是他们的消费影响力远远超过了他们在全国总人口中的比重。在互联网语境下，年轻人是原住民，他们的世界观、价值观、消费观引导了品牌内容的走向，他们很少为吃穿发愁，不用考虑底层生存物资，他们需要证明自己。他们的购买动机不再是刚需而是欲望，他们的需求不再是实用，而是精神认同。

他们的每一次消费，或多或少都带有自身价值的证明。消费品领域的"粉丝"文化就是最好的证明，相比产品的材料，年轻消费者更关心作为这个品牌的用户，我能否换取认同，能否有身份价值，能否向大家表达我的态度。

作为消费品牌，如果不能帮助年轻人制造信息，那就很容易被忽视。如果不能在内容、产品形态或表达方式上做出差异，去贴合年轻人需求的痛痒点，那也很容易在同品类竞争中失去先发优势。

年轻人消费，使用需求是基础，精神需求才是刚需。

产品，无限可能。根据天猫平台统计，天猫小黑盒在 2020 年超额完成了 2 亿款新品的平台首发，"双十一"期间新品在线数量高达 3000 万款。恐怖的产品迭代速度不仅说明行业技术层面上的进步，而且背后更有数不清的细分需求和消费欲望支撑。

随着现代社会科技的发展，在消费品领域，前端研发技术不断完善，终端供应链条逐渐高效，用户端的需求越来越细分，这些直接导致产品迭代速度飞起，新品概念层出不穷。在这些爆发生长的新品概念中，除了本品类的技术升级，还有很大部分来自其他领域的技术嫁接。以食品科学为例，2021 年年初，国家卫生健康委员会通过了玻尿酸可以用于食品领域的申请。

这是一个医疗美容行业与食品行业技术嫁接的例子。因为两个领域成熟的技术相互合体，并且有完善的生产供应链条的紧密配合，所以这样的新技术一出现就会非常快地应用于产品端口，创造出新的产品形态，满足大家的欲望和需求。定位于美学健康食品的新一代网红品牌 WonderLab 就推出了"玻尿酸软糖"，备受年轻人瞩目的国潮饮料品牌汉口二厂也随即推出了"玻尿酸汽水"。这个时代的产品有无限可能。

人声鼎沸的市场环境，需要被认同的消费者，有无限可能的产品。以上就是我们从市场、消费者和产品维度出发对营销背景的分析，充分了解清楚了新消费品市场、人群、产品这三个维度的诞生背景，就可以利用变化创造更多机会。

新消费品营销，你要学会借用认知

在这样的背景下，我们该如何营销，是否有一个简单易上手的思路作为指导呢？我们把这种思路总结为三步：被识别、被传播、被消费。在嘈杂的市场环境下，我们通过快速叠加已有认知的方式快速创造新品概念。因为是叠加已有认知，所以我们可以更快速地被用户识别，两个已有认知叠加，创造出新的有趣的产品概念从而被传播、被消费。通过这种方式，我们可以快速创造新产品、新概念、新内容，帮助品牌在新消费品的战争中取得先发品牌优势。

我们把这种叠加已有认知创造新概念的营销思路叫作"PPAP叠叠乐"。

那什么是PPAP叠叠乐呢？这是新消费品竞争需求下产生的一种简单易上手的营销思路，展开来讲就是认知市场对于自身品牌或产品的一个主流需求，并在此基础上进一步探索细分需求，然后利用这个细分需求对标其他领域产品中已存在的核心卖点，最后将这两点组合叠加于主流核心需求上，产生一个新的营销卖点。

PPAP叠叠乐可以降低认知门槛，提升沟通效率，为产品研发、内容创意、视觉转化等营销过程提供高效的思维引导。毕竟在这个时代，被理解的效率决定了新消费品能在市场中走多远。

无处不在的PPAP叠叠乐

PPAP叠叠乐这种营销思维在很多领域都被灵活运用，它存在于生活中的衣食住行等各个领域，也在很多应用场景中获得了市场及消费者的极大关注。

这种叠加在新消费品尤其是食品品类中尤为常见。2018年是"跨界元年"，我们能看到大佬们纷纷下场开展"跨界工作"，从奶茶、沐浴露到冰激凌牙膏，还有不知道是在吃冰棍还是吃面包的冰棍面包。这种跨界方式到底有多受年轻人欢迎，看看有多少品牌方下场就知道了。我们很难界定这种跨界的背后是为了借势还是吸引注意力，不过我们能确信，这种叠加的思维真是屡试不爽。下面我们就用PPAP叠叠乐的思维为大家拆解几个经典案例。

冰棍面包

多芬在消费者心智中被定位为个护产品，这个品类的细分需求是新奇味道和手感，而奶盖恰好与沐浴泡沫的形态有几分相似，大家对奶盖的质感非常熟悉，也希望在用沐浴露时能有更绵密的泡沫来滋养肌肤，所以用奶盖洗澡是一种什么体验？这个概念一出，大家会自行脑补肌肤被奶盖滋养的幸福感。

这种叠加方式可以创造新奇的体验，甚至都不用跟用户解释，他们就会自行脑补，期待尝试。而奶盖沐浴露的概念本身也是一个非常明确的营销沟通点，可以贯穿产品创意、产品视觉包装、营销推广内容及物料等所有营销动作，为每一个节点都提供了一个明确的标准，甚至在后期的营销落地环节还诞生了"奶盖女孩""让肌肤喝饱奶盖"等超高流量的社交话题。

创造沐浴露全新手感体验——多芬喜茶云朵泡泡沐浴露

这个创新链路就是"沐浴露的体感认知＋奶盖茶的口感认知＝有趣的沐浴露创新概念"。

"沐浴露＋奶盖茶＝多芬喜茶云朵泡泡沐浴露",这是基于两个品牌爆款单品的核心优势相互叠加的案例。下面我们再分享一个基于两个爆款品类相互叠加的例子。

作为一家以经营冷面为核心单品的餐饮公司,三泉餐饮想在新消费品创新浪潮中推出自己的爆款单品,他们选择了餐饮堂食单品零售化的路径。确定了冷面汤汁的酸甜可口是冷面的主流需求点后,他们又进一步思考了这款产品的细分需求——新鲜与即食。那怎样才能将"新鲜"的感觉体现得淋漓尽致呢?他们找到了"气泡水",只有刚开盖的气泡水才有喷溅而出的气泡,于是他们将"冷面汤＋气泡水"叠加,推出了气泡冷面汤,这样既是冷面品类的新奇口味创新,又跟上了气泡水流行的热潮。产品一经上市就引发了极大的关注,消费者对气泡水和冷面都非常熟悉,气泡冷面有多爽,自行脑补,火速下单吧!这虽是一次微小的尝试,但却是一个

传统品类大单品的猎奇口味——三泉气泡冷面

不错的开端。从长远来看，三泉餐饮可以沿用这种方法，创造出更多口味新奇却又能保持冷面核心认知的产品，气泡水品牌是否也可以推出一个冷面汤口味的气泡水呢？这也许又是一个新机会。

这个创新链路就是"冷面清凉酸甜的口味认知＋气泡水的爽感认知＝冷面的口味创新"。

以这样的思维进行营销创新的新消费品还有很多，以广受年轻人热爱的冰激凌为例，就有无穷无尽的叠加方式："面包＋冰激凌＝冰激凌面包"（从主食变为甜品）、"牙膏＋冰激凌＝冰激凌牙膏"（刷牙新体验）、"冰激凌＋酸奶＝冰激凌酸奶"（不会化的冰激凌）等。

以上只是 PPAP 叠叠乐思维的冰山一角，它确实好用，可以帮助品牌年轻化、创造爆款单品，可以让品牌联名，还可以制造社交话题进而制造流量，等等。下面就以我们策划的一个实际案例为大家详细说明 PPAP 叠叠乐如何通过五大原则与四个步骤完成一次新消费品的创新。

使用 PPAP 叠叠乐的五大原则与四个步骤

这么好用的 PPAP 叠叠乐，该如何落地执行呢？我们先要明确五大原则与四个核心步骤。

五大原则如下：

（1）两个叠加的品类概念至少要保证其中一个是已经被大众

熟知的成熟概念。

（2）PPAP 叠叠乐以品类叠加品类的基础形式叠加，且只能叠加一次，过多的品类概念叠加会干扰品牌信息输出，失去核心记忆点。

（3）两个相互叠加后的概念必须具备一个明确的沟通落脚点，且这个落脚点是一个大的类别，到底是吃的、喝的，还是用的，做什么这一点必须清晰。

（4）叠加后的概念可以被简单表达和理解，可以通过语言也可以通过视觉来表达。

（5）PPAP 叠叠乐可以在产品营销周期的任意一个阶段介入，可以是产品研发、产品命名，也可以是品牌传播、视觉营销、卖点话术等。

清楚了原则后就可以按照以下四个步骤贯彻执行：

（1）牢牢锁定品牌或产品的主流认知。

（2）洞察跨品类功能，了解目标用户群体的消费习惯及细分痛痒点。

（3）寻找高关联度 RTB，嫁接认知打造超强卖点。

（4）品牌沟通落地执行，将核心概念贯彻每一个沟通触点。

遵循以上五大原则与四个步骤，就可以确保叠加后的概念不会脱离市场，避免自嗨。接下来，我们就以一个实际操作案例来为大家拆解 PPAP 叠叠乐如何打造爆款新消费品。

三只松鼠亿级单品诞生记

三只松鼠品牌负责人带着一个简单的简报找到我们说，"我们需要一款方便制品的 SKU，我们对这款单品抱有很大的期待，具体怎么实现，就交给你们了"，至今我们还是很感谢品牌方能给予我们这样的信任以及自由度。既然这款产品被寄予厚望，那它必须承载两个使命：可系列化、有品类名可占据品类第一。

同一年方便食品品类市场增长迅速，同时正餐零食化的趋势也进入了各大品牌的视野。三只松鼠也关注这一大品类的发展，并且已经有了第一代产品矩阵。我们调查研究发现，这个时期的方便制品，尤其是依靠线上渠道售卖的产品的包装，其颜值还停留在 1.0 时代，这说明大家似乎都有方便制品线上售卖的意识，但都还处在摸索阶段。很多品牌都涌入了这一赛道，从产品规格、食用方式、价格体系等维度分别做了不同程度的创新，竞争非常激烈。

要做好这个产品，我们还要回归三只松鼠本身的品牌价值去思考。三只松鼠是作为一个潮酷零食品牌被大家认知的，如果要推出方便食品，那有哪些已经存在的优势可以被发掘呢？

我们统计分析了方便食品品类下所有的产品形态，并根据年轻用户群体对于三只松鼠品牌潮酷的认知，最终锁定了酸辣粉和螺蛳粉这两个产品形态来展开研究。

要用好 PPAP 叠叠乐，就要同时具备产品经理思维和用户思维，既需要考虑我们的市场条件和可利用的资源，又要考虑消费者的下单动机。将这两个思维结合起来综合判断，就有了我们的第一个总目标：牢牢锁定主流认知。

第一步：牢牢锁定主流认知

这一步需要解决的问题包括：
1. 产品本身是用来做什么的？
2. 产品能解决什么问题？
3. 产品是依靠什么优势解决问题的？

酸辣粉、螺蛳粉在大部分消费者心里已经有了成熟的认知，在这种情况下，我们就不打算从产品端口去颠覆它，而要开始思考为什么市场上现有的这类产品都是相似的做法，是否还有其他需求点没有被发现，是否还可以从产品营销的维度寻找机会触发新的购买动机。明确了这一点，我们的 PPAP 叠叠乐就正式开始了，这一案例是从品牌沟通的层面去切入 PPAP 叠叠乐思维的，而不是从产品研发层面。

随着调研的深入，我们关注到酸辣粉、螺蛳粉这类方便速食产品的讨论热度主要集中在抖音、bilibili 这类视频社交平台，而且主要围绕"辣"和"臭"这两个话题展开讨论。我们以这两个关键字为原点，展开了大量的反向搜索，发现这两个关键字延伸出来的内容玩法非常多，主要围绕"辣味、臭味挑战""关卧室门偷吃""神仙吃法""辣度、臭度测评"等形式制造大量高流量话题，同时还有非常多的"卡路里""方便""缓解压力"等相关的二级话题加持，于是我们确定这两个产品形态是天然的社交型产品。

找到了核心需求点后，我们进一步去洞察是否有跨品类的概念可以叠加，还是根据反向搜索路径继续调查，然后我们发现这类视频网站上的内容讨论者还有一个高频重叠的词组标签，即"美食、测评、打卡探店"。

我们发现年轻消费者除了关注好吃以外，还非常关注社交需求，他们需要去探店、去定位、去拍照来丰富自己的社交"文化"，强化自己的个人形象，而这类需求正是处在 1.0 阶段的方便速食产品不能满足消费者的点。

这里有一个思考点，当我们在调研时，需要多利用反向思考的方法去倒推需求，我们应该注意现在的用户都在被什么吸引，我们是否可以根据大家的喜好去满足他们的需求。当我们创造一款全新单品时，很多情况下并不需要按照传统产品研发的路径去完全颠覆一款产品，我们可以从更多营销维度来思考产品是否有微创新的机会，不能为了创造而创造，忽略了市场上真实的需求。在洞察需求、锁定主流认知方面，我们为大家提供了 3 个小工具。

1. 洞察社群话题

（1）利用搜索平台广泛查询关键词的基础印象，这一步非常重要。我们做产品或营销创意时，常把产品当作我们的"孩子"，很多人在调研中会有意无意地忽略大众消费者对产品的基础认知，导致后期想当然地去叠加一些不能被大众简单理解的概念。对于产品概念来说，如果消费者不能一目了然地快速认知，那基本上就会丧失很多先发条件。这一点在产品首发阶段非常关键。

（2）做新消费品离不开流量。当我们确认基础认知后，可以利用社交平台查询关键词的流量热点或新增需求，看看是否有延伸需求是我们之前没有想到的，以确保我们发掘的需求可以真正地刺激消费者的创作欲、展示欲，从而为我们的产品流量做出保障。

2. 圈子标签

（1）在社交平台找一批这个品类的 KOL，看看他们的粉丝有哪些共同的身份标签及需求。

（2）从社交平台红人榜单中找到头部 KOL，看看流量最大的红人和他们制作的内容有哪些标签与我们品类的关键标签有重叠。

（3）用这些标签去横向比较相关竞品，看看哪些新增的需求是还没有被满足的。

3. 测评调研

测评调研为我们全方位了解市场上的竞品 SWOT 提供了可靠的参考，我们可以通过测评来测试我们的固有认知、核心标签是否正在贴合受众，是否还有潜在的新增需求没有被发现。

我们的测评会分为两大维度：人群测评和产品测评。

人群测评中，会继续分为专业人群和目标人群。专业人群参与的目的在于让他们以专业的眼光从口味以及产品角度提供专业建议，帮助我们在产品创意的过程中避雷。

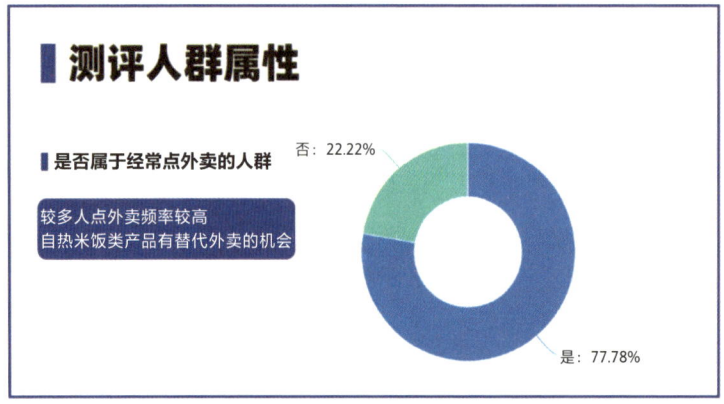

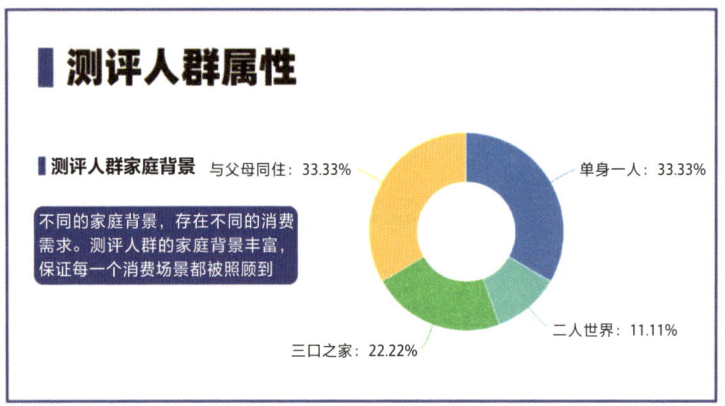

目标人群测评时,我们会在粉丝交流群和平台媒介中发布参与需求,并按照目标用户的标签来确认参与标准,分别从线下和线上同步展开测评。在测评之前,我们不会透露任何想要了解的情况以及相关问题,目的是看看在我们测评的过程中,是否还有被忽略掉的一些痛痒点。

产品测评则是按照真实的用户体验路径,从货架形象、识别度、外包装信息层级、品牌印象到产品使用的全流程分别列出四条以上的评判标准。然后我们作为旁观者,去观察、去发现一切可以优化的可能。

1. 哪一款的分量正好合适？

FIX-BODY 日式冷面	4	44.4%
keep 低脂酸辣粉	4	44.4%
薄荷健康低脂粉丝	0	0%
丢糖鱼肉面	1	11.1%

2. 最喜欢哪一款的味道？

FIX-BODY 日式冷面	3	33.3%
keep 低脂酸辣粉	6	66.7%
薄荷健康低脂粉丝	0	0%
丢糖鱼肉面	0	0%

3. 哪一款最适合作为减肥期间的解馋食品？

FIX-BODY 日式冷面	3	33.3%
keep 低脂酸辣粉	6	66.7%
薄荷健康低脂粉丝	0	0%
丢糖鱼肉面	0	0%

4. 希望在哪些场景食用？

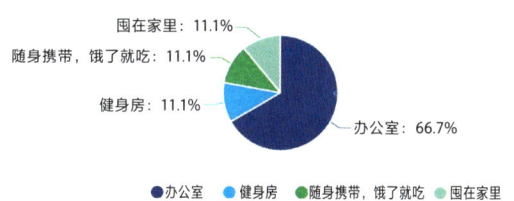

5. 综合来看你会购买哪款产品？

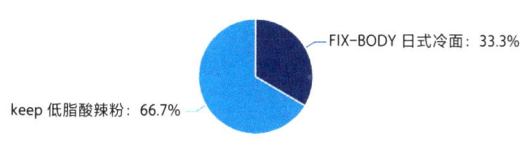

做完以上三个动作，我们把信息绘制成一张表格，通过表格我们可以确认产品的策略方向。

撸粉商店产品创意表				
名称	基础认知	新期待／叠加需求	可调整部分	已被解决
撸粉商店酸辣粉	酸辣口味／粉类	低糖／健康	可否使用更健康的原料	无
	方便	潮酷感、可拍照／有话题	产品规格是否可改变	莫小仙解决规格问题
			外包装拍照好看	无

回顾我们这一步的目标：

1. 产品本身是用来做什么的？

螺蛳粉、酸辣粉是一款年轻人在社交需求场景下，可以同时满足新奇口味、潮酷概念及食欲的方便速食产品。

2. 产品能解决什么问题？

满足食欲的同时，可以分享这一具有刺激感的使用体验；满足好奇心的同时，可以利用潮酷感引起关注。

3. 产品是依靠什么优势解决问题的？

三只松鼠可以利用品牌本身的潮酷印象，进一步加深与年轻人的距离，从而做出一款有个性的、有社交属性的、颜值可与同类产品有差异的社交型方便速食产品。

第二步：洞察跨品类功能

这一步需要解决的问题包括：

1. 这款产品是否有跨品类的机会？
2. 可以叠加什么品类的什么概念？

我们把上面的表格填完后，从健康食品（健康方向）、美妆产品（颜值方向）、潮流餐饮行业（探店社交方向）3 个方向进行了研究。

在测评过程中，我们发现消费这款产品的受众在 2018—2019 年的第一需求并不是健康，他们因为话题购买，因为口味成瘾，他们的主要需求是随时随地尝到不同的地域美食。那我们就在此基础上确定了以颜值和社交为第二增长点的创意原则。

接下来列举近段时间内，社群话题中关于颜值和社交的核心词，然后将这些词分发给不同的品类专家小组进行研究，并对比得出结论，找到一个可以沟通的创意点。

颜值关键词	社交关键词
国潮	臭、辣、酸
酷	关门
复古	有趣

我们填完第一个步骤的表格后，通常会找到两个甚至多个行业的维度。我们需要在第二个步骤中，继续深挖这几个核心词在它

们各自行业中的表现方式。这个步骤主要是观察用户端对于市场上已经被接受品类及产品的认知与态度，以及在与用户建立沟通的过程中哪些是标准，哪些可被改变。

回顾这一步需要解决的问题：

1. 这款产品是否有跨品类的机会？

有，满足方便速食已有品类功能的同时，可以利用线下潮流网红店的社交特性，为产品增加更多话题内容，让产品更有辨识度，从而加强产品的社交属性。

2. 可以叠加什么品类的什么概念？

线下潮流网红店的复古主题概念。

第三步：寻找高关联度 RTB

这一步需要解决的问题包括：

1. 如何叠加跨品类机会？
2. 叠加后的概念是否有一个容易感知的卖点？
3. 用户凭什么为这个新概念买单？

当左手是品类认知，右手是第二需求增长点时，你需要 PPAP 一下，发现一个可以嫁接的创意，给受众一个既熟悉又惊喜的购买理由，去帮助营销驱动购买。

这一步我们需要将前面所有洞察到的信息列出，集合项目组的所有成员进行直觉脑暴。如果说前面的调研是我们的理性思考，那现在的脑暴就是我们以消费者的身份凭直觉感知我们真正的核心卖点，感知可以打动人的购买动机。

我们根据前面的数据发现，现在年轻人活跃的社交方式就是线下潮流网红店打卡。这一时期有非常多的网红店出现，以复古概念为核心，用某某公司、某某食堂、某某大饭店等方式出圈，引发大量关注和打卡。

这里的网红就是网上的明星，大家都趋之若鹜，那我们是否可以造出一个明星呢？

酸辣粉、螺蛳粉和线下潮流打卡趋势，这两个概念是否能**叠**加出一个极具说服力的同时又能满足当下年轻人消费习惯大趋势的概念？

撸粉商店的概念就此诞生。从 RTB 的角度来说，潮货酸辣粉、螺蛳粉是潮人必备。它比传统酸辣粉更易被拍照、上传社交平台跟当时的社交热点匹配、建立用户的社交人设。

三只松鼠酸辣粉的项目，我们就在不破坏酸辣粉、螺蛳粉原有认知的基础上，叠加了大家对方便速食品类颜值、社交的增长需求。我们利用当时线下流行的国潮商店的概念，进行了此次项目的创意 PPAP。这样可以保证用户无须重新认知产品概念，大大降低了认知门槛，提高了概念被理解和传播的可能性。

回顾这一步需要解决的问题：
1. 如何叠加跨品类机会？

叠加线下潮流网红店的概念。

2. 叠加后的概念是否有一个容易感知的卖点？
潮货酸辣粉、螺蛳粉是潮人必备。

3. 用户凭什么为这个新概念买单？
酸辣粉、螺蛳粉已有成熟认知，年轻人愿意为刺激性的口味买单，同时我们还具备颜值高、方便社交打卡的属性，方便年轻人更好地秀出自己的产品。

第四步：品牌沟通落地执行

这一步需要解决的问题包括：
1. 叠加后的概念该以什么样的形式表达？
2. 这一表达形式是否在各类传播渠道上有贯穿的记忆点？
3. 叠加后的概念是否具备内容延展性以及该如何延展？

概念塑造好以后，我们会发现一个好的创意几乎是一气呵成并且自然而然出现的。我们可以直接抓取第三个步骤中专家小组成员的调研结果，去进行这一步的视觉大创意。国潮在当时是被大部分年轻人接受并且认知的视觉概念，此项视觉趋势的提炼来自线下餐饮店以及视觉趋势平台，并且需要照顾到三只松鼠自身的品牌形象，所以我们甚至为了这个撸粉商店，让松鼠角色化身成了一只招财鼠去匹配这个视觉创意。

确定了视觉概念的基本元素，我们的任务就是打造一个强视效

撸粉商店

的视觉体系。这里并不是炫技,而是直接给出无须理解的视觉印象,满足互联网传播的特殊环境。我们用复古撞色的色彩系统,放大每一种口味的核心原料,再加上极具张力的插画装饰,让用户不管在什么场景下,都能一眼注意到,眼睛比脑袋快,无须理解,就能读懂这款产品的核心概念:"复古配色=国潮""核心原料=味型""插画装饰=文化"。

为了让这款产品在线下能更好地展示,以及未来完善更多系列中的SKU,我们设定了一个视觉上的主视觉锤,以增强产品记忆度,减少视觉沟通成本,同时也与同渠道销售的其他竞品拉开差距。

为了强化不同渠道内容延展的能力,我们也赋予了概念一个核心故事线,即将商店的概念作为主线,而且这个概念要足够简单、足够成熟,也足够有内容潜力。在线上传播,商店的概念可以贯穿电商页面设计、直播间的主题装修;在线下传播,可以变形为商超堆头的核心主题,可以落地为一次快闪活动等。总之,它像变色龙一样,可以灵活应对各种形式的传播,同时还可以保证我们的产品核心概念不走样,真正做到了无缝贯穿,用户的感知也会更加具体连贯。

回顾这一步需要解决的问题:

1. 叠加后的概念该以什么样的形式表达?

超强视效,满足互联网传播吸引眼球的功能,并且核心概念简单易懂,用户容易理解和传播。

2. 这一表达形式是否在各类传播渠道上有贯穿的记忆点?

"复古网红潮流商店+招财松鼠"。

3. 叠加后的概念是否具备内容延展性以及该如何延展?

撸粉商店的概念可以囊括线上线下传播场景,可以做快闪店,也可以贯穿电商页面设计,即使是直播销售,也可以用撸粉商店的概念装修直播间,用户读出来的同时就理解了产品的核心概念。

结　语

PPAP 叠叠乐是定位理论的延续,是新消费品创新强有力的思考执行工具。当说到我们都熟悉的定位理论,我们常常会有一种感觉,即我知道占领心智,我知道占领细分品类的头部,但如何在这个时代将我们的创意落地却是一个难题。如何将理论精髓和时代变化做一个有效链接，PPAP 叠叠乐就提供了一个很好的落地指导。

PPAP 叠叠乐的本质也是一次叠加，是新时代背景下用户需求与经典定位理论的叠加。

以上，是新罐头对这个时代新消费品营销创新的思考。我们没有创造，只是发现了简单可上手的方法，然后将其提炼总结，不断完善成一套可执行的操作流程。我们希望用这种简单的方法帮助大家利用时代的机会去创造更多有趣、有价值的新消费品。

就像 PPAP 的歌词中写到的：I have a pen. I have an apple. Apple-pen！（我有一支笔。我有一个苹果。苹果－笔！）

体系致胜

一个案例说透超级品牌引擎的 16 字诀

超级品牌引擎背后的策划观：

- 一眼看到底的思维。
- 一竿子捅到底的策划。
- 一以贯之的执行。

超级品牌引擎的 16 个关键词：

- 市场——高度概括　● 洞察——高远深透　● 判断——原理本质
- 战略——真知灼见　● 策略——体系完备　● 表现——赤裸创意
- 配称——高度落地　● 要务——面向增长

超级品牌引擎品牌战略落地的 5 大层次：

- 拎一点，即找到自己取胜的位置。
- 抓总纲，即如何能抵达这个位置的顶层设计。
- 落条目，即总纲得以贯穿下去的执行路线图，构建清晰的执行路径。
- 贯执行，即对接企业的 16 大增长机会，抓战略要务，抓核心增长点。
- 抓落地，即让每一个执行动作为品牌赢得更多资产，每一次循环让品牌上升到新高度。

何支涛

欧赛斯创始人兼CEO（首席执行官），中国知名的品牌战略及咨询专家，著名的营销实战专家，中国超级品牌引擎方法及第一性战略理论的创立者，连续创业者，曾先后创办过5家公司。1990年起就读于复旦大学国际政治系国际关系专业，职场起步于国际一线会计咨询机构普华永道（PWC）。

因深刻认识到中国未来30年是品牌发展及数字化营销的浪潮，秉持做正确的事，把正确的事做好，创办了欧赛斯。欧赛斯以正道诚信、真知灼见、以终为始、凡事彻底为核心价值观，视客户价值为唯一价值，为客户创造短期、中期、长期盈利能力，让品牌资产持续增值，让品牌价值撼动人心！

欧赛斯服务过的典型企业或品牌有：孩子王、孚日集团、东易日盛、三棵树、华润三九、脑白金、啄木鸟等。

超级品牌引擎只做有驱动力的策划

品牌策划只有一个目的，就是以品牌为中心帮企业取得商业致胜；商业致胜只有一种可能，就是强驱动力的策划；强驱动力的策划只有一种可能，就是我们要给大家介绍的超级品牌引擎。

中国目前已经进入了品牌竞争的时代。中国经历了20世纪80年代的工厂时代、90年代的渠道时代和21世纪初的产品时代后，目前品牌要素已经成为企业外部竞争的核心要素，也是企业能同时撬动内部生产、营销、研发全价值链的唯一且单一的要素。

中国目前已经进入了一个超竞争的时代。大多数行业都呈现供大于求的竞争态势，任何一家企业想要商业致胜，都必须系统化地作业，而不是单点致胜，所以点子公司早已被淘汰，而创意公司的黄金时代也已渐行渐远。

品牌靠一个定位就能成功吗？显然定位是必要条件，但不是充分条件。品牌靠一个符号就能成功吗？显然符号是创意手段，既非必要条件，也非充分条件。

任何品牌的成功都是一个系统的成功，这个系统背后一定是引擎化的打法。这是一个超级品牌引擎的时代。

过去的品牌策划是一句话、一幅画、一支广告片、一轮央视传播、一次招商大会，本质上是穿上一套华丽的外衣，让天下人都知道，然后就取得了成功，创造了可观的利润。但是，这套打法显然已经跟不上当今这个时代的竞争环境了。

今天的品牌策划是一个核心价值点、一句话、一张战略图、一套品牌超级记忆系统、一整套运营配称系统、一以贯之的落地执行。今天的品牌策划早已超越符号、超越定位，它在于建立一个高度耦合的品牌致胜经营体系，然后用这个经营体系帮助企业建立一组环环相扣、相得益彰、相互增强的经营活动，让企业的经营持续超越竞争对手，从而建立企业的盈利飞轮，赢得市场竞争。

每家企业都需要装上一个超级品牌引擎，建立企业的内生性增长机制，建立企业的持续增长能力。这背后才是利润，才是持续的利润。

超级品牌引擎背后的策划观

一项伟大事业的成功总是取决于三条关键因素，这也是超级品牌引擎背后的策划理念。

> 一眼看到底的思维
> 一竿子捅到底的策划
> 一以贯之的执行

第一条：一眼看到底的思维，看透事物本质及掌握根本规律才能未战而胜。

认知决定了人与人之间的差异，认知也决定了企业与企业间的差异。中国老一辈企业家中的管理教父柳传志曾说过："人才分三种，第一种是自己可以干成一件事的人，第二种是可以带领一批人干成一件事的人，第三种是能审时度势，一眼看到底的人。"

柳总说的"一眼看到底"，实际上是一个深度系统化的思维能力。一眼看到底，对于企业家来说，就是能清晰地判断大势，抓住消费者的核心痛点，依据竞争态势及自身资源禀赋，找到企业取胜的位置，并且整合及驱动企业内部价值链的各环节去抢占这个位置的思维及行动能力。

伟人无一例外都是抓住本质及把握规律的原理级思考的人物，超级品牌引擎方法称之为看高、看远、看深、看透，看透了再行动，先求胜，而后求战。

孙子曰："昔之善战者，先为不可胜，以待敌之可胜。不可胜在己，可胜在敌。"即善于用兵作战的人，总是首先制造不可被敌人战胜的条件，并等待可以战胜于人的机会。让自己不被战胜，其主动权掌握在自己手中，敌人能否被战胜，在于敌人是否给我们可乘之机。

孙子又云："故用兵之法，无恃其不来，恃吾有以待也；无恃其不攻，恃吾有所不可攻也。"即用兵打仗的法则在于，不要侥幸敌人不来侵犯，而要依靠自己严阵以待，充分准备；不要侥幸敌人不来进攻，而要依靠自己有使敌人无法攻破的强大实力。这都是一眼看到底思维的体现。

两千年前曹操在点评《孙子兵法·军形篇》时曾写道："善战者无赫赫之功。"优秀的统帅已经洞察到了规律，预测到了变化，洞若观火，决胜千里，所有的事情都做了提前安排，根本不需要奇谋巧计，也不会把成功置于应变的偶然因素之上，所以就会"善战者无赫赫之功"。

具备一眼看到底思维的企业，能把握住底层规律和事物的本质，而且很容易就能在与竞争对手的战斗中取得胜利。那些不具备一眼看到底思维的企业是没有取胜机会的。

第二条：一竿子捅到底的策划，用航空母舰般的力量带着策略尖刀刺向市场。

冯·贝塔朗菲在《一般系统论》中曾清晰地论述，整体大于所有局部的总和。所有的工作都要以终为始，成为引擎、强化引擎、驱动引擎，让整个策略系统的各个部分都成为系统，这才是最有驱动力的策划。

超级品牌引擎一竿子捅到底的策划，包含了5大层次。

1. **拎一点**：找到企业取胜的位置。
2. **抓总纲**：企业能抵达这个取胜位置的顶层设计。

3.落条目：总纲得以贯穿下去的执行路线图，构建清晰的执行路径。

4.贯执行：完成落地执行的操作策略，一竿子捅到落地层。

5.抓落地：让每一个执行动作都能为品牌赢得更多资产，每一次循环都能让品牌上升到新高度。

第三条：一以贯之的执行，让企业盈利的飞轮转动起来，不断自我强化，越转越快。

战略确定之前企业最大的成本是走弯路，战略确定之后企业最大的成本是废动作。

> 战略确定之前
> 企业最大的成本是走弯路
>
> 战略确定之后
> 企业最大的成本是废动作

企业找到正确方向并建立取胜机制之后，就需要让组织体系中每个人的每个动作、每句话、每张纸、每个单页、每张海报、每次活动、每次宣传等都积累品牌资产，让今天的每个动作50年后还能创造效益。

建立企业的盈利飞轮，在一个方向上，循序渐进，一个行动接着一个行动，一个决策接着一个决策，一个战役接着一个战役，像滚雪球一样积累向前，从而不知不觉地实现突破及跨越。这是一个从量变到质变的过程，它不会突然发生，它没有奇迹瞬间，它没有一了百了的创新，它是无数次行动及决策的积累。

"故善战者，求之于势，不责于人，故能择人而任势。"所说的就是善于指挥打仗的将帅，他的主导思想应放在依靠、运用、把握和创造有利于自己取胜的形势上，而不是苛求手下的士兵，他能从全局态势的发展变化出发，选择适于担当重任的人才，从而使自己取得决定全局胜利的主动权。

创业就是造势，就像滚雪球的过程，要给自己的事业营造一个又急又湿的坡，不断为事业增加势能，"结硬寨、打呆仗"，这样事业的成功就能从偶然王国进入必然王国。

超级品牌引擎的 16 字诀

超级品牌引擎只有一个目的：驱动力、驱动力、驱动力。而驱动力背后只有一个词：引擎化、引擎化、引擎化。引擎化背后有 16 个字，我们称之为 16 字诀：市场—洞察—判断—战略—策略—表现—配称—要务。

市场——高度概括

洞察——高远深透

判断——原理本质

战略——真知灼见

策略——体系完备

表现——赤裸创意

配称——高度落地

要务——面向增长

一个案例说透超级品牌引擎的 16 字诀
——易太超级品牌引擎新冠军商业实战

作为欧赛斯的老粉,易太食品(下文简称易太)大家应该很熟悉了。经过 3 年的深度品牌战略合作,欧赛斯与易太的关系已经从服务到了战友的亲密无间,尤其是深受新冠肺炎疫情影响的这两年,欧赛斯一直陪伴、帮助易太在竞争激烈的市场环境里不断提升。

2020 年是易太全新战略"易太,就是畅销菜"打造和持续落地的一年,基于欧赛斯 16 字诀赋予易太的成功实践来看,包括市场、洞察、判断、战略、策略、表现和配称"七步法"。2021 年是欧赛斯 16 字诀最后一步"要务"主要内容的体现,要务的本质是识别增长要务,挖掘增长机会,一切以提升销量为出发点来布局操盘。

时光往回倒两年,2019 年 11 月的一天,两位企业家风尘仆仆地来访欧赛斯。本来这次来访是欧赛斯的一次常规接待,因为客户来访在欧赛斯是常态。但这次有所不同,客户选择的是晚上 7 点钟也就是下班之后,这就意味着客户去了多家品牌咨询公司,老板亲自上门筛选,而且还是两位创始人一起,可见这两位企业家对这件事情的重视程度。

当两位企业家来到欧赛斯会议室时，欧赛斯团队大吃一惊，因为大家都没想到这两位中国特级厨师出身的企业家居然这么年轻、这么有活力。这次交流从晚上 7 点钟开始，结束的时候已经超过 10 点钟了，彼此都留下了深刻的印象。欧赛斯团队印象深刻的是：①这是一条年复合增长率超过 30% 的黄金赛道，大有可为；②中国餐饮近 5 万亿元大市场，速冻预制肉品赛道有巨大增长空间，但还处于群雄并起、逐鹿厮杀、胜负未分的高速发展初期，大有可为；③企业家目光高远、脚踏实地，虽为特级厨师出身，但是处处体现出超一般的大局观及结构化思维能力。

人对、赛道对、时机对，这无疑将有机会成为一个超级案例。

有了超级品牌引擎的驱动，1 年后易太已经在行业中斩获了多个月的单月全行业销量冠军，也因此证明了这个判断的正确性。

市场——高度概括
易太超级品牌引擎操刀：从市场入手

市场调研要相互独立、完全穷尽、高度概括。调研不是走过场，而是找本质、找规律、找趋势、找驱动、找机会，来帮助品牌上位。所以我们需要基于"行、客、敌、我"四情，对调研信息进行巨量采购后高度概括。

行情即行业调研。调研行业发展阶段、行业发展趋势、行业价值链构成、行业竞争格局、行业发展的核心驱动力量、行业中的突破机会等。

客情即消费者调研。调研消费者心智模型、消费者需求点及痛点、消费者购买驱动力、消费者认知偏好、消费者既有认知要素等。

敌情即竞争对手调研。调研竞品成功之道、调研竞品的竞争策略、调研竞品的战略优势背后的战略弱点、调研竞品消费者心智攻击点、调研与竞品差异化的可能性等。

我情即企业自身调研。调研企业资源禀赋、摸透企业家底、企业内部寻宝、找到企业的长处、找到企业的优势点、找到企业内部战略落地的抓手型资源等。

巨量信息、相互独立、完全穷尽、高度概括，这样就能在之后的策划中高屋建瓴、突出重点、提纲挈领、纲举目张。

一次优秀的市场调研
巨量信息、相互独立
完全穷尽、高度概括

易太超级品牌引擎新冠军实战之市场

【行情分析】

行情一：高速增长的黄金赛道

速冻预制肉品行业以高于 GDP 四倍的增速高歌猛进，主要有三大驱动力量。

第一大驱动力量：年轻人正在普遍丧失烹饪能力。东方证券研究所的数据显示，现在年轻人一个月做四次以上饭的人低于50%，尤其是针对 90 后的调研发现，大多数人不会做饭了，普遍丧失了烹饪能力。

第二大驱动力量：家庭劳务社会化进一步催生产业分工。国家统计局、中商产业研究所的数据显示，中国餐饮有近 5 万亿元的市场、1 万亿元的餐饮供应链、25000 亿元的快餐、10 万亿元的食品，在日本速冻菜肴已经占比 60%，而在中国这个比例尚不足 10%。

第三大驱动力量：餐饮的结构性成本压力促使速冻预制肉品成为标配。餐饮相较其他行业首当其冲地受到人工成本、房租成本的结构性上涨的影响，餐饮店的老板在成本上涨的压力下，自然有转向工业化产品采购的内在需求。

行情二：群雄纷起、格局未定

速冻食品行业分为速冻米面、速冻火锅料、速冻预制肉品三大细分赛道，在速冻米面赛道中，三全、思念、湾仔码头已经占了

60% 的市场份额，呈巨头垄断格局；速冻火锅料安井一家已经做到了 50 亿元的规模，行业内一家独大，与之后的竞争对手拉开了巨大差距；而速冻预制肉品行业还处在群雄纷起、"各地诸侯逐鹿中原"、格局未定的阶段，产品同质化、渠道雷同、产品卖点不突出，行业中极少量企业有品类意识，销售模式陷入日常频繁价格战。在这个行业中，易太与绿进、三宝暂居前三。

【客情分析】

客情一：B 端餐饮店为速冻预制肉品的主要客户，餐饮客户对食材品质与采购成本的双重关注

中国的速冻预制肉品行业目前 80% 的业务还集中于 B 端，C 端业务仅占 20%；而成熟的发达国家市场如日本，B 端业务占 60%，C 端业务占 40%，所以可以说得 B 端者得天下。而 B 端餐饮店客户又呈现以下两大看似矛盾的需求特征：①餐饮成本结构中，食材占据首位，餐饮客户对食材价格普遍敏感；②食客对菜品口味的高关注决定厨师对食材品质的高关注。

没有一家餐饮客户对价格不在意，但又普遍认为当产品品质低于餐厅出菜标准时，价格再低都没有意义。从表面上看，第一关注是价格，但从深层次看，对价格的关注是建立在品质之上的，尤其是中高端餐饮，他们对食材品质的关注度更高，更愿意为高品质买单。

客情二：对产品变与不变的辩证需求，既要标准稳定，又要常变常新

出菜快不快、省不省时、质量好不好、口感好不好、稳定度好不好,这是厨师对速冻预制肉品的基本关注。因为餐厅的菜单是相对固定的,菜单对应的预制菜品(半成品)供应商,一旦选定就不会轻易更换,否则就无法确保出餐标准的一致性。追求产品标准的稳定、供应关系的稳定,是速冻预制肉品 to B 业务的特点,这体现了后厨"求好、求稳"的一面。

同时,餐厅有菜单更新的需求,他们需要不断引进新菜品来刷新食客的感知。总厨和采购人员经常外出寻找有新意的产品,积极响应半成品供应商推出的新品以及厨师试吃活动,这体现了后厨"求新、求变"的另一面。

【敌情分析】

敌情一:一二线品牌多为单品选手

中国速冻预制肉品行业,没有一个品牌具有全品类优势,即便是占据头部位置的一线品牌,也只占据个别单品的优势,比如绿进占据松板肉、牛肋骨的单品优势,三宝占据蒜香骨、羊排的单品优势,易太占据牛柳、口条的单品优势,这是餐饮客户及行业内的普遍认知。

速冻预制肉品企业普遍陷入了单品营销的思维局限,没有产品军团意识,产品与产品之间缺乏结构性联动。尽管每个品牌都有二三十个品种,但经销商的冰柜中陈列出样的往往只有两三款产品,这从根本上制约了企业的成长速度,进而制约了整个行业的健康发展。

敌情二：三四线品牌及杂牌军，游走在品质边缘线

一二线品牌的优势单品以品质取胜，奉行价值路线，一二线品牌的非优势品项以及三四线品牌、杂牌军，更多奉行的是性价比路线，而品牌意识薄弱的小企业推崇赤裸裸的价格战。价格循环下降一旦击穿底线，就会导致产品游走在品质边缘线，出现花样百出的偷工减料、降低固形物含量、降低原材料标准、降低去筋去膜标准等一系列不规范动作。

产品失去品质优势的依托，也就失去了内生性增长动力，如果仅仅依靠渠道商的既有资源来达成销售，那每个产品有几百万元、几千万元的销量就不错了，无法形成规模化销售。销售瓶颈是这些低价产品的普遍困境，低价生存哲学催生出一群发展不起来的中小企业群，他们陷入低价低质的低水平重复，无法自拔。

【我情分析】

我情一：极具冠军潜质的黄金选手

易太兼具"品牌意识"与"品质意识"，创始人年轻有为、高瞻远瞩、脚踏实地，在这条快速成长的赛道中，是一个极具冠军潜质的黄金选手，具有以下优势。

理念优势：两位创始人都是厨艺大师出身，来自后厨，服务于后厨，对厨艺工程化的理解超越同行。

品质优势：易太是速冻预制肉品行业少数几个坚持以品质取胜为主导理念的品牌化企业之一，致力于持续推动行业进步。在行业存在以次充好、以假乱真乱象的时期，易太就坚持用真牛肉，坚持用好原料，选用优质黄金骨龄肉牛，以高出行业 20%~30% 的价格采购原料肉。

品牌优势：行业内第一家选择用代言人的速冻预制肉品牌，在市场上有一定的品牌基础和认知。

市场优势：总销量位居行业前三，拥有全国性的渠道网络，拥有良好的经销商关系。

产品优势：部分单品全国领先，牛柳、口条为全行业的标杆产品，牛肋骨等产品拥有独特的腌制专利。

我情二：陷入同质化，缺失高速增长的驱动力

中国速冻预制肉品行业尚处于初级营销阶段，尽管易太在业内属于品牌营销意识较强的企业，但品牌营销精细化程度依然不高，还存在以下不足。

品项结构待优化：主销品项单一且同质化明显，产品结构化程度不足。

产品开发较盲目：产品开发缺乏战略依据，蒙古烤羊背等重金投入开发的产品，应用场景狭窄。

市场细分不足：餐饮客户类型众多，需求差异大，易太从产品到营销的场景细分不充分。

品牌力待提升：品牌定位不清晰，品牌形象个性不足，品牌力有待提升。

渠道有待精耕：渠道布局粗犷，全国空白市场众多，下沉市场有待进一步深耕。

总之，易太速冻预制肉品在全国有较好的市场积累、品牌沉淀，但与竞争品牌差距小，同质化程度高，需要进一步拔高竞争维度，拔高品牌势能，占据更大的市场份额，从而赢得更大的胜利。

洞察——高远深透
基于超级品牌引擎"四看"，进行哲学级的思考及原理级的洞察。

只有在哲学级的思考下，我们才能做到原理级的洞察。而要做到哲学级的思考，就要做到超级品牌引擎的"四看"。

看高——拉远看，跳出月球看地球，看到大格局，看到大态势，看到制高点。

看远——看远处，看到10年后，看到变化，看到大趋势，看到终局。

看深——看深处，识别出关键性抓手及关键性动作。

看透——拉近看，看透根本点，看透底层逻辑、抓住第一性。

看高　看远
看深　看透

决定个体强大的关键因素：体力—知识—思维。超级品牌引擎"四看"的本质就是要求策划人透过阶段找组合、透过过程找终局、透过现象看本质、透过数据找规律。

易太超级品牌引擎新冠军实战之洞察

洞察的本质是一种思维方式,是每一个高阶营销人必须掌握的思维模式,它需要在调查研究(Research)的基础上不断重复探索(Re-Search),从各个维度通过各种分析反复寻找、大胆假设、小心求证,更需要有市场全局观下的商业假设、商业感知力及市场敏锐度。

易太项目之看高:速冻预制肉品市场处在加速成长期,存在品类卡位的战略机会,存在定义行业标准及掌握行业话语权的机会,存在成为行业标杆的机会,据此,我们判断成就中国速冻预制肉品领军品牌的黄金窗口期只有 3 年。

易太项目之看远:引入期和成长期存在竞争赶超的机会,从成熟期开始,市场就进入了终局竞争的态势,行业排名逐渐稳定,市场格局基本定型,落后的企业很难实现逆转,而领先的企业在心智定位的窗口期抢占第一的位置,就会一直在市场上保持领先,最终形成强者恒强的局面。中国速冻预制肉品行业历经十多年的发展演进,品牌格局正在形成;总成本领先是行业终局竞争逻辑,最终总成本领先者将完成行业的兼并及整合。

易太项目之看深:大菜、高增值、百搭、给厨师发挥空间是速冻预制肉品发展的核心增长底层逻辑,厨师是行业根本资源,占领菜单是行业根本竞争力。

易太项目之看透:供给酒店餐饮的预制肉品、预制菜肴,本质是餐饮厨艺的工程化,是把后厨以及中央厨房的配菜工作转移到了工厂来完成,以节省后厨空间与厨师的工作量,而预制的半成品菜品能否最大限度地还原后厨厨师的厨艺,才是产品力的关键。

判断——原理本质
基于项目的深度洞察,完成对项目战略方向的根本性判断。

调研是洞察的跳板,洞察是判断的跳板,所以哲学级思考及原理级洞察之后就是根本性的判断。判断是任何优秀战略成功的根本。战略对企业发展的杠杆作用能达到千万倍,所以战略需准确,否则失之毫厘,谬以千里。

战略的杠杆作用是 1000 倍,策略的杠杆作用是 100 倍,创意的杠杆作用是 10 倍,表现的杠杆作用是 1 倍,所以先战略,再策略,然后创意,最后表现,次序一定不能颠倒。

> 战略的杠杆作用是1000倍
> 策略的杠杆作用是100倍
> 创意的杠杆作用是10倍
> 表现的杠杆作用是1倍

能驾驭全局取得真正胜利的,一定是战略大师,而非战术大师。判断不准、战略就不会准;今天战略差 1 厘米,10 年后公司间的距离就会是 1000 千米。

易太超级品牌引擎新冠军实战之判断

说回易太的案例,在经历了全盘调研分析"四情",及超级品牌引擎的"四看"后,欧赛斯的策划团队在这个项目上做出了以下战略判断。

战略判断一:易太处在一个加速成长的市场中,需要坚决地卡位和赤裸裸地抢占!

战略判断二:易太需要率先定义行业品类,定义品类标准,定义行业标准,成为行业首席知识官!

战略判断三:易太先选择垂直聚焦的竞争战略,主动收缩阵地,对行业进行垂直占位,建立根据地,在自身最优势领域构建竞争壁垒,在关系企业发展的核心增长动能上,先做强、做深、做广,再做大、做宽、做全!

战略判断四:易太在短时间内还无法做到总成本领先的情况下,必须用时间来换空间,一点突破,两头带两头。

战略判断五:速冻预制菜肴行业竞争壁垒低,只有在构建5大壁垒的情况下才能建立核心竞争优势,才能处于行业整合者的地位,其主要壁垒有:①安全壁垒(原料、工艺、价值观);②成本壁垒(原产地直供、大规模采购);③价值壁垒(大菜、厨艺工程化);④生产壁垒(切片、腌制);⑤品牌壁垒(溢价、认同、知名度)。

战略判断六： 易太自身深度及广度足够大，在深度及广度上可以支撑品牌高速发展。速冻预制肉品的市场特性是气球型而非零和型，有巨大的腹地市场及下沉市场的扩张机会。企业的规模取决于企业自身能吹入气球中的空气量，市场的深度及广度适合扁平化渠道及深度垂直分销，大菜单品在垂直反向工业解构方面还有巨大机会。

战略判断七： 与竞争对手相比，易太需要在占领厨师这个根本资源，及占领菜单这个行业核心竞争力方面，建立压倒性的不对称竞争优势。

战略判断八： 整个行业未来 3 年是渠道品牌主导时期，未来 3~5 年是消费品品牌崛起时期，5 年之后将会是消费品品牌主导时期，3 年时间需要迅速完成 B 端核心资产积累工作，做到 B 端业务的绝对领导者，3 年后需要快速介入 C 端业务，再花 3 年做到 C 端业务绝对领导者。

战略判断九： 易太要引领行业渠道结构的变革，带领二批商及经销商向有深度服务能力的增值服务配送商的方向转型及演进。

核心判断成型，易太项目的战略招式也已经跃然纸上，项目进行到这里，已经让项目组兴奋不已，优秀的赛道、优秀的企业、优秀的企业家易太董事长郭总及总经理徐总高瞻远瞩的眼界及开放的心胸、恰到好处的行业发展时机，这些无不昭示着战略利刃一出，必将缚住苍龙。

战略——真知灼见

基于对战略的根本判断,完成战略体系的整体构建。

企业的战略系统包括企业总体战略、竞争战略、品牌战略、战术等各职能板块。

企业总体战略的本质是位置,就是企业在未来社会要占领的位置,位置对了,方向就对了;方向对了,就要考虑做什么、不做什么、先做什么、后做什么。企业总体战略需要事业理论、发展战略及业务组合来支撑。

企业的竞争战略考虑的是如何在每一项事业(每一个业务单元)中竞争。竞争战略需要思考清楚竞争模式、能力体系及防御体系。

品牌战略的本质是占领消费者心中的那个位置,占领消费者心智中的点,品牌战略用以支撑企业战略及竞争战略,包含了品牌架构及品牌定位。

易太超级品牌引擎新冠军实战之战略

易太的企业总体战略、竞争战略、品牌战略如何一体成型？

> **企业总体战略确定的是**
> **企业在未来社会中的位置**
>
> **品牌战略确定的是**
> **品牌在消费者心智中的位置**

品牌价值是企业内在价值的外化体现，要站在企业整体，站在商业模式的高度来思考品牌才能创造大品牌。

易太董事长郭总的愿景是成就中国速冻生态链标杆品牌，这样宏大的愿景要求欧赛斯团队从企业整体观的高度来思考企业总体战略与品牌战略，并在其中避免三个误区。

第一个误区，陷入片面。 单点思考，只注重品牌定位，忽视企业总体战略、竞争战略、品牌战略的全盘规划，不能在战略层面帮助企业建立结构化的进攻优势。

第二个误区，陷入割裂。 企业总体战略、竞争战略、品牌战略，看似各有亮点，但各自为政，缺乏内在联动。硬生生把战略规划做成了一堆零部件，而不是一个具有强驱动力的战略引擎。

第三个误区，陷入平庸。看似系统完备，面面俱到，但每个战略环节都没有超越行业平均水准线。"运营与营销"具体展开前加上战略杠杆，让战略为战术赋能，放大胜利的把握与成功的面积，通过战略拔高让整个品牌运营系统在更高的维度展开，这才是战略的本义。没有拔高的战略，其实就是伪战略，不具备战略的全局性驱动力。

单点态、割裂态、平庸态，这些都是战略作业的误区。那么什么才是给易太做战略的正确姿势呢？

同频顺势：制定易太"超越成长"的企业总体战略。每个企业所具备的资源禀赋不同，所处的市场环境不同，所在的发展阶段不同，谋篇布局的规则就不一样，企业总体战略的系统打造到底应该从哪里入手呢？有没有规律可以依循呢？

企业总体战略制定的底层逻辑就是同频顺势，与行业同频，与环境同频，与消费者同频。行业成长期用成长型打法，行业成熟期用守成型打法，行业滞涨期用破局型打法。总体原则就是同频顺势，顺着行业的趋势结合企业的资源禀赋进行战略布局。

易太所在的速冻预制肉品行业，正处于一个快速成长期，年复合增长率高达 30% 以上。在行业快速成长窗口期，抢占行业风口，顺势做大，易太"超越成长"的企业总体战略便呼之欲出：抓住行业高成长机遇，聚焦垂直领域，以规模增长率进入战略优势位置。

先规模后价值，成长窗口期抢占战略最佳位置，易太"超越成长"的企业总体战略清晰而又坚决。

如果你眼前的市场巨大又不确定，那就速度第一。用最快的速度，拿下最大的地盘。

战略决胜：**子品类利刃截断最强风口**。确定了易太"超越成长"的企业总体发展战略后，我们该如何使用战略利刃实现超越增长呢？

速冻预制肉品行业，是一条快速成长的黄金赛道，正处于加速成长初期，群雄纷起，格局未定。这个阶段最佳的品牌战略是：对接第一痛点→"封杀"第一特性→将特性品类化。

因为处在行业成长初期，所以存在"封杀"第一特性的机会，而每一个行业的第一特性有且仅有一次"封杀"的机会。此时品牌必须进行战略卡位，和市场一起成长，而且代表品类的强势品牌还没有形成，所以这个阶段最大的战略机会就是品类占位。

品类占位为什么重要？这是由消费者的选择逻辑决定的。每一个消费行为解构开来看，首先是品类选择，其次才是品牌选择。这意味着品类才是消费流量的跟入口，扼住了流量跟入口，就必然会成为消费流量主权的最大获益者。

公牛"封杀"了安全这个特性，分化了安全插座这个品类，截至 2021 年 4 月 30 日市值 1176 亿元；三棵树"封杀"了健康这个特性，分化了健康漆这个品类，截至 2021 年 4 月 30 日市值

637亿元；老板电器"封杀"了大吸力这个特性，分化了大吸力油烟机这个品类，截至2021年4月30日市值364亿元。

大品类是规模最大的生意，子品类是效益最高的生意，抢占品类，成为品类第一，与品类建立强关联，这几乎是一个品牌能做到的最为美妙的事情，而易太恰恰就存在这样的机会。

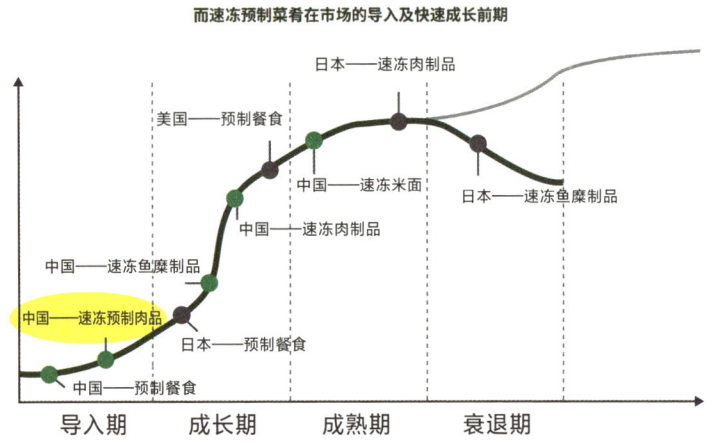

在行业高速成长、领导品牌缺位的阶段，易太先声夺人，率先喊出是"速冻预制肉品/速冻预制菜肴"这个品类的代表，优先抢占品类第一的品牌认知，这正是品牌经营效益最大化的战略。

战略定位：畅销菜战略对接第一痛点、"封杀"第一特性。确定了用战略利刃实现超越增长，用子品类利刃截断最强风口，接下来我们就必须果断地把行业第一特性赤裸裸地占领下来。

核心价值不是逻辑
而是赤裸裸地占领

第一特性源自第一痛点，那么 B 端餐厅的第一痛点是什么？

赚钱！

安全地赚钱！

安全省心地赚钱！

安全省心体现自己价值地赚钱！

安全省心体现自己价值地持续地赚钱！

赚钱是问题，畅销菜就是答案，问题就是答案！

C 端消费者的第一痛点是什么？

便利！

便利省心地做菜！

便利省心地做出美味的菜！

便利省心地做出健康的美味的菜！

便利省心地做出健康的安全的美味的菜！

把餐厅里的畅销菜带回家就是答案。

易太畅销菜的战略定位，表面上看，只是切割了市场的某个部分。但畅销菜事实上是整个市场的大盘，畅销菜定位事实上占据的是整个速冻预制肉品、速冻预制菜肴行业的主体。

80%以上的餐饮企业都想卖畅销菜，80%以上的冻品渠道商也都想卖成就畅销菜的半成品。由此，以畅销菜战略定位为中心展开的易太品牌系统，占据的就是速冻预制肉品、速冻预制菜肴行业的中心地带。

市场营销的本质是价值交换，每个行业都存在一个无形的价值罗盘，而价值罗盘的第一圈即中心地带，就是品类根本性价值，这是在这个行业存在的意义；第二圈是细分价值；第三圈是周边价值；第四圈是边缘性价值。占据品类中心地带，占据品类根本性价值，成就行业老大；占据细分价值，成就老二、老三；占据周边价值与边缘性价值，成就侧翼小品牌，这是潜规律。

品类占位的奥秘就在于占据品类根本性价值，而不是边缘性价值，这就是行业第一品牌的战略逻辑。

策略——体系完备
基于战略规划，需要以一眼看到底的思维，做一竿子捅到底的策划。

策略是一个系统，系统就需要耦合。贯穿一体之后，整体就大于各个组成部分的总和。这样的策划叫引擎化的策划，这样才能发挥策划最大的威力。

整体大于各个组成部分的总和
所有策划要能成为引擎、强化引擎、驱动引擎

大策略体系包含运营配称品牌策略、产品策略、价盘策略、渠道策略、整合营销传播策略。

小策略体系主要是品牌策略，品牌策略的集中表现是 STDP 定位之后形成的品牌 360°领导力模型。

超级品牌360°领导力模型

- 消费者细分 Consumer Segmentation：锁定目标客户群、目标客户群画像
- 目标市场细分 Market Targeting：锁定细分市场
- 品牌概念 Brand Concept：核心价值演绎
- 品牌内涵 Brand Content：品牌故事、品牌文化
- 品牌信任状 Brand Credentials：权威背书、专家背书、消费者证言、市场占有
- 品牌壁垒 Brand Barrier：支撑体系、品牌标准、品牌理论
- 品牌语言系统 Language System：产品语言、服务语言、生产语言……
- 品牌差异化要素 Differentiation：产品差异、服务差异、形象差异

中心：品牌核心价值

这些策略系统需要以一眼看到底的思维，做一竿子捅到底的策划，以一个巍峨主干贯穿，然后在主干上开枝散叶、开花结果。所有的策划都要能成为引擎、强化引擎、驱动引擎。

易太超级品牌引擎新冠军实战之策略

战略确定后就需要策略贯穿，一竿子捅到底，让所有工作都成为引擎、强化引擎、驱动引擎。"易太，就是畅销菜"战略，看似简单的一句话，却蕴藏着一系列先胜而后战的策略体系。"易太，就是畅销菜"，它是一个核心价值点，一句购买理由，一个语言系统，一个超级符号，一个超级战略，一个畅销菜产品家族，一个畅销菜产品标准，一个对金牌底味速冻预制肉品类别的心智占领和产业扩张，一个生态，一个畅销菜速冻预制肉品的全新时代。

在 STDP 中，S-segmentation 是指客户群细分，T-targeting 是指市场细分，D-differentiation 是指品牌差异化，P-positioning 是品牌定位策略，STDP 就一个目的：锁定核心价值。

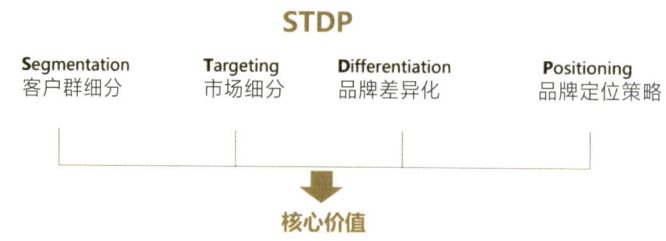

核心价值锁定之后，需要对其进行进一步演绎，以找到核心价值的支撑点，让核心价值落到具体的经营活动中。同时还需要建立品牌的核心语言系统，定义产品语言、服务语言及生产语言等，建立起品牌语言系统的总纲。然后还需要通过故事及文化进一步挖掘品牌内涵，通过标准、壁垒、思想的输出建立品牌壁垒，通过一系列的背书确立品牌信任状。

品牌 360°领导力模型填充了品牌血肉，是品牌输出的一个总纲，是品牌战略宪章不可或缺的组成部分。

易太超级品牌 360°领导力模型，构建品牌策略大纲

消费者细分

B 端餐饮客户 +C 端家庭消费者：核心目标人群 B 端餐饮用户，关注菜品的口感与价格，关注产品品质的稳定性，乐于接受速冻预制肉品，提升出菜速度，提高后厨效率，降低综合成本。

目标市场细分

五大餐饮铺面：酒店 / 精致餐饮、宴席 / 乡厨、时尚餐饮 / 大众餐饮 / 大排档、团餐、火锅 / 烧烤。

品牌差异化要素

形象差异化：速冻预制肉品专家。

服务差异化：畅销菜解决方案。

品牌概念：品牌价值体系

品牌定位：易太，就是畅销菜。

理性价值点：天下厨味，精艺预制。

一句话购买理由：三精三优四零五不选。

　　　　　　　三精：精原料、精预制、精技术。

　　　　　　　三优：优产地、优品种、优部位。

　　　　　　　四零：零防腐剂、零化学色素、零化学香精、
　　　　　　　　　　零瘦肉精。

　　　　　　　五不选：新鲜度不够不选、排酸不充分不选、
　　　　　　　　　　　走私肉不选、劣质肉不选、检疫检
　　　　　　　　　　　验证件不全不选。

品牌语言系统：品牌思想领导力

品牌使命：彰显中华料理文明。

品牌愿景：成就中国速冻生态链标杆品牌。

易太经营理念：探究人与食物间的美好关系。

易太品牌观：引领厨艺工程化。

易太价值观：共识共创、共担共享。

易太企业精神：志存高远、脚踏实地。

易太服务观：构建厨艺文化社区、提供菜品解决方案。

易太团队观：全力以赴，使命必达。

品牌内涵

品牌调性：精致、传承、现代、探索。

品牌壁垒

竞争壁垒：厨艺工业化能力——精艺厨艺工程化系统；鲜力保真技术——三重鲜力保真技术。

品牌信任状

20道安全守护。

表现——赤裸创意

表现要以赤裸创意为跳板，实现表现的飞跃。

创意就是将战略戏剧化，表现就是将战略视觉化。

赤裸大创意就是要找到品牌与生俱来的戏剧性，然后以最能占领消费者心智的形式表现出来。将品牌核心价值凝练成一个锐利创意点，然后整合公司所有资源并将这些资源像一座大山一样压强到这个点上。把语言的钉子用视觉的锤子敲到消费者头脑中，占领一个词，建立一对一链接，用航空母舰般的力量带着一把表现的尖刀对市场进行切割，用优先速度、优先切割、优先占位等策略方法，切开市场的缺口，建立自己的战略通道，建立自己的战略节奏，赢取市场的突破。

易太超级品牌引擎新冠军实战之表现

打透易太畅销菜战略,必先打透渠道,为此我们需要一套强大的品牌超级记忆系统去召唤渠道行动。

速冻预制肉品的销售渠道的主力还比较传统,集中在冻品市场,欧赛斯团队在走访市场的过程中,发现速冻预制食品所处的主流场景和渠道都是色彩艳丽、饱和度极强的,如若不打造专属的超级记忆系统,易太产品就非常容易淹没在众多的产品包装和场景中。那易太该如何做?

超级记忆系统:领导品牌的
规模感、大牌感、熟悉感、普适感

对于 B2B 的业务而言,经销商会倾向于选择实力领先的厂家,或者是最能赚钱的产品,但速冻预制肉品产品同质化,新产品一出,模仿者纷纷,厂家很难独占产品的差异化,这时品牌带来的规模感及大牌感就至关重要了。渠道有一个铁律就是"带头大哥"效应,渠道商的集体潜意识是都喜欢和"带头大哥"混,因为其招牌大、名头大、实力强,跟着"带头大哥",拓展底盘和开拓业务都会更快,也更容易且更有成效。

易太是速冻预制肉品中品牌意识一直很领先的企业,多年前就已经开了速冻预制肉品行业请明星代言的先河,他们请了腾格尔为牛排代言,直接奠定了品牌进一步规模感及大牌感的基础。

如何进一步放大易太品牌的领导者效应？我们决定以认知母体、超级色彩、战略花边这三大战略性的认知工具为创意跳板来实现表现的飞跃，打造杀手级的品牌记忆系统。

"杀手级的品牌记忆系统 = 品牌名称 + 超级符号 + 超级色彩 + 战略花边 + 语言钉 + 视觉锤 +IP 形象"。

杀手级的
品牌记忆系统
- 品牌名称
- 超级符号
- 超级色彩
- 战略花边
- 语言钉
- 视觉锤
- IP形象

首先，找出行业最具势能的认知母体并将之超级符号化。超级符号是超级浓缩的记忆单元，超级符号的本质是关联既有认知，调动认知原力，找出行业的认知母体，占领行业公共大符号并私有化为品牌资产。在餐饮行业，厨师帽是厨师的最典型特征，金厨又是整个行业最高荣誉的象征，所以我们选择了贪吃的金厨帽作为符号设计的雏形。选择金色的厨师帽作为易太品牌超级符号是战略落地成功的第一步。

LOGO 创意原点
占领餐饮行业公共大符号并私有化为品牌资产

  其次，启用建立认知暗示并跳脱同质化怪圈的超级色彩。人类大脑所获取的信息 83% 来自视觉，而色彩是视觉的第一元素，也是品牌的一级信息，甚至可以说是最重要的符号。用色如用兵，好的品牌色彩战略，可以形成全局的品牌动员力，形成一秒即被识别的品牌记忆力。

  易太超级色彩战略：速冻品行业品牌众多，红色、橙色、绿色等各种颜色都有人用，但竞争品牌用色特点都是高纯、高饱和的，艳丽到有些俗气，所以我们选择了更有高级感的绿色搭配金色来彰显易太产品的品质感和档次，这个色彩在速冻品终端杂乱的色彩氛围中可以一眼被识别，让全行业色彩都成为我们的背景。

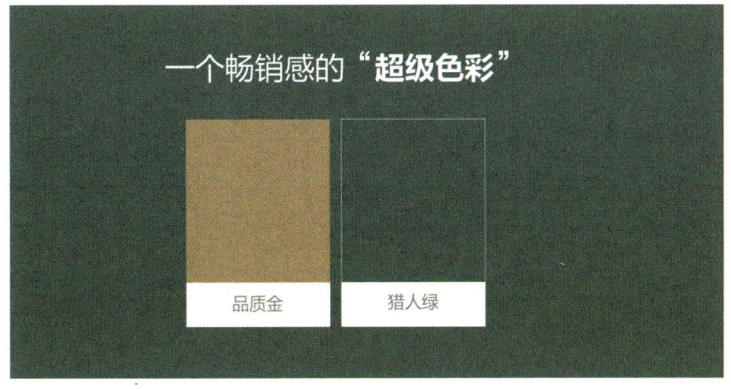

最后，彰显规模感无处不在的战略花边，建立品牌范式。超竞争时代，品牌不仅要占领品类，占领符号，而且还要占领范式。

战略花边就是一种带有视觉强制性的品牌范式，同一性的、重复的阵列式视觉形式，可以释放出巨大的心理和社会能量，这就是视觉权力。战略花边就是撕成碎片我也认得你，战略花边能铺多广就铺多广，铺到所有你视线所能触及之处，占领所有可以占领的客户视觉触点。

我们以金厨帽与贪吃嘴两个设计元素的无限往复，形成易太独有的战略花边，井井有条、可大可小，可自由铺设到任意一个品牌触点，无处不在。

战略花边的目的是，在终端呈现规模感及大牌感，经销商在速冻品市场到处都能看到易太的人、易太的广告；在冰箱中首先看到的就是易太的产品；路上到处都是易太的车；打开经销商的仓库，一眼看到的都是易太的产品。

品牌资产的延续与积累：
让今天的品牌资产 100 年后还能为我们服务

腾格尔作为形象代言人是易太重要的品牌资产之一，于是我们将易太原腾格尔的品牌资产与新金厨帽战略花边结合，从而形成品牌资产的无缝传递及持续积累。

削尖信息点、厘清信息层次、部署品牌触点：
让每次品牌接触都成为最锐利的品牌进攻

打造好了易太的超级品牌记忆系统，后面的一项重要工作就是对品牌触点进行布局。品牌触点布局有两个维度，第一个维度是品牌信息层级，第二个维度是购买认知路径，本质都是在回答一个非常关键的问题：在每一次短暂的品牌与消费者有限的接触过程中，我们究竟应该传递哪些核心信息？

易太信息层次

一级信息：LOGO
二级信息：战略花边
三级信息：广告语
四级信息：卖点信息

一级信息：LOGO

利用一切机会传播品牌 LOGO。

使用原则：所有物料上必须露出。

二级信息：战略花边

作为品牌重要触点，战略花边可以形成全局性视觉动员力。

使用原则：能铺多广就铺多广。

三级信息：广告语

易太的广告语是"易太，就是畅销菜！"

使用原则：营销类物料必须露出，非营销类物料尽可能露出。

四级信息：卖点信息

易太的卖点信息是"天下厨味，精艺预制"，可以用来解释三级信息。

使用原则：营销类物料必须露出。

在信息大爆炸的当下，消费者每天都处于信息过载的状态中，但他们的心智容量有限，厌恶混乱，所以对于消费者而言，他们每天接收的很多信息其实都是无效信息。只有通过信息的有效分层，我们才可以在接触的最小单位时间内，对消费者实现最有效的信息植入。

配称——高度落地

将品牌战略贯穿到经营系统中，在经营中占领核心价值。

品牌成功的根本在于经营。建立一组环环相扣、相得益彰、相互增长的经营活动，让这组活动占领核心价值，且在每一天的尺度上都能超越竞争对手。内圣而外王，这才是真正的品牌。

将品牌贯彻到经营系统中，其核心工作就是将品牌贯彻到营销4P之中，即产品体系、价盘体系、渠道体系和整合营销传播中。

营销4P必须彻底贯彻品牌战略，每一个营销动作要贯彻品牌战略，每一张纸也要贯彻品牌战略，这才是彻底的运营配称。

易太超级品牌引擎新冠军实战之配称

4P 的本质是 4 个营销决策,是 4 个最重大的也是最基本的营销决策,如果你不按 4P 逻辑来思考,那只能说明一个问题:你从未参与过营销决策。

产品配称
产品配称策略是品牌发展的路线图,是市场发展的收割机。

4P 的第一个 P 是产品,品牌定位的核心落地载体是产品,产品是品牌定位消费者最直接、最直观的体验对象。

产品策略首先是产品结构,也就是如何设计品牌的产品业务组合,这个业务组合至少要做到以下 3 个方面:①最能强化及传达品牌定位(与品牌定位不符合的需要砍掉);②对消费者来说,具有强大的购买理由;③相对于竞争对手来说,最容易取得优势。

符合以上 3 条的产品就应该保留下来,加入业务组合中,不符合以上 3 条的产品就应该剔除,把有限的资源投入最能凸显品牌定位及积累品牌资产的产品上,投入最能在市场上攻城略地、赢得消费者的产品上,投入最能建立及积累自身优势的产品上。

营销首先看产品,不是一个产品出来了怎么定位(这是相对低层次的问题),而是如何规划设计我们的产品结构(这就是运营配称的决策问题)。

产品结构就是企业品牌发展的路线图，也是品牌的利润表，产品应包含 3 个问题：① 产品结构；②每一个产品扮演的战略角色和承担的战略任务；③推出的战略次序。

产品结构就是品牌业务组合设计，它决定我们今天卖什么产品，以及未来卖什么产品。在品牌拿下整个价值版图的营销战争中，每一个产品都有各自的战略角色和战略任务，就好像我们现在和未来计划要做的所有产品是一个战阵，要确定哪些是弓箭部队，哪些是骑兵，哪些是步兵，哪些是炮兵，推出的战略次序，就是各兵种投入战场的次序，先放箭，之后骑兵冲锋，之后步兵上阵，最后还有侧翼的炮兵等。投入战场的次序，决定营销投资的成本、风险和效率。

所以，整个产品的思维，就是绘制企业的发展蓝图。

产品夯实定位，品牌赋能产品。德鲁克说："企业的目的是创造顾客并满足顾客需求。"

消费者对于一个品牌的认知往往是基于其产品的，没有产品就没有品牌的存在，产品是品牌的物质载体，是基础。产品具有使用价值的物质属性，产品的品质、设计与服务等物质属性也是消费者对品牌形成判断的最基本、最直接的因素。欧赛斯方法指出，产品战略是品牌战略定位的核心落地载体，伟大的产品已经是超竞争时代的必需条件了，所以产品战略必须体现品牌战略定位，品牌的核心差异化也需要通过产品的差异化来实现。

产品如何助力品牌发展，夯实品牌定位？欧赛斯认为在中国目前的超竞争市场中，只有"六边形战士"的产品线才能取得成功，所谓"六边形战士"，即技术全面且专长突出。

中国有一项叫国球的运动，这项运动在国际上拿金牌是正常的、理所应当的，不拿金牌是不应该的。作为企业老板，你是不是想一个产品推出，成为爆款是应该的，销量第一是理所应当的，销量不大是不应该的，这是不是很厉害，很不可思议！

这项运动就是乒乓球，而"六边形战士"就是日本人为中国国球发明的一个词语，为什么发明这个词语呢？因为中国乒乓球实在是太强大了，是一个让一向自以为是的日本人都佩服得五体投地的领域，而这个词就代表着日本人对中国这项运动的崇拜。

日本媒体用无比震骇的口吻惊呼马龙是"六边形战士"，意指马龙在"速度""力量""技术""防守""发球""经验"这6大乒乓球比赛核心属性上，都达到了满格水准。

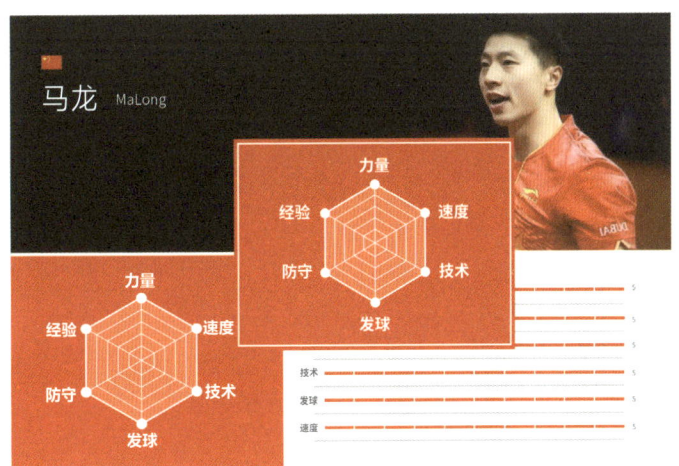

在这一点上，易太是怎么做的呢？

1. 易太畅销菜"六边形战士"打造

畅销菜战略，既是产品创新开发的原则，又是老品选品和跟随开发产品的选品原则。

（1）导入畅销菜选品原则。

易太就是畅销菜，是品牌定位，是语言钉，更是易太的产品选品标准。畅销菜战略不是悬浮在半空中的概念，而是全程贯彻到产品业务组合、产品开发选品、产品架构规划等产品配称体系的强落地引擎。

在没有把畅销战略导入易太产品的选品准则之前，易太新产品的开发缺乏战略依据，老产品线的增减也缺乏决策依据。新产品投入大量的研发，上了市场也不一定有销量，这就会带来企业资源的浪费。战略升级后的易太基于畅销菜战略，产品配称上全面导入畅销菜选品原则。

（2）选品定位：畅销菜原则。

①受市场欢迎的畅销菜品。

②品牌竞争力能位居前3位（新开发产品潜在竞争力预估）。

（3）易太产品畅销选品标准。

①应用场景是否广泛？是否高频？

关于品项/品种的预判断：是否具备畅销潜质。

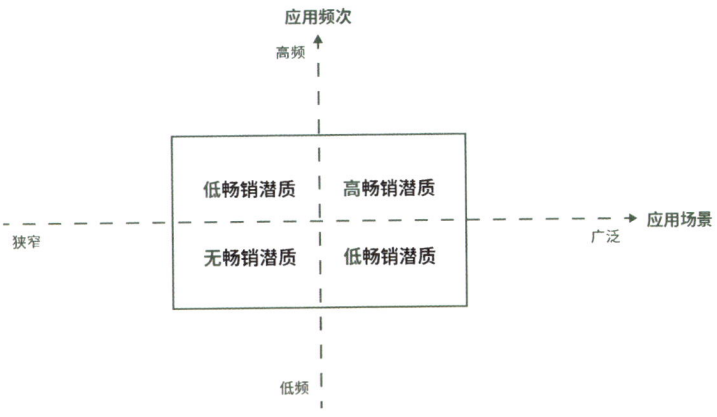

②产品力强度是否足够？品质优势是否具备？

关于市场地位的预判断：是否有潜力做到前 3 位。

畅销选品标准建立后，"应用场景窄，产品力没优势"的产品，不用进入市场，直接就预排除了。这样，一方面可以减少废动作，避免产品开发与选品的盲目性，尽量少踩坑，就这一点便可以回收很多不必要的浪费了；另一方面选品畅销原则的执行，就把易太产品阵列中不符合畅销原则的产品全面剔除了，"半吊子"的产品，占着产能资源却没有市场业绩的产品，资质平庸的产品，一下子就全淘汰了。剩下的老选手，以及新晋的选手，都是"六边形战士"，都是没有明显短板的佼佼者。

2. 结构化产品线布局：星厨、优厨、悦厨，抢占多个细分市场

中国餐饮市场总量近 5 万亿元，餐饮客户类型众多，有的追求极致品质，有的追求产品性价比，一个产品或者一条产品线，不可能同时满足不同类型餐饮客户的需求。从根本上讲，品质餐饮与大众餐饮就是两个截然不同的细分市场，我们的解决方案就是以产品线的结构化布局占领不同类型的细分市场，以品牌架构的谋篇布局建立高度协同的战略优势,即通过易太星厨、易太优厨、易太悦厨三大阵列的强策略结构化布局,对接不同餐饮场景,以主副品牌架构建立企业内部资源的联动,从根本上形成结构性的增长力量和扩张力量。

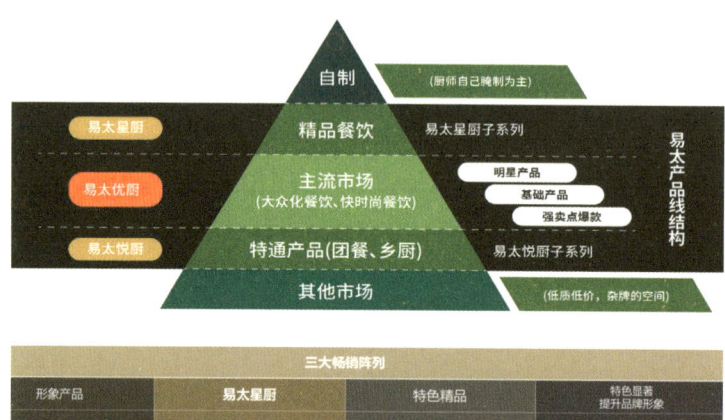

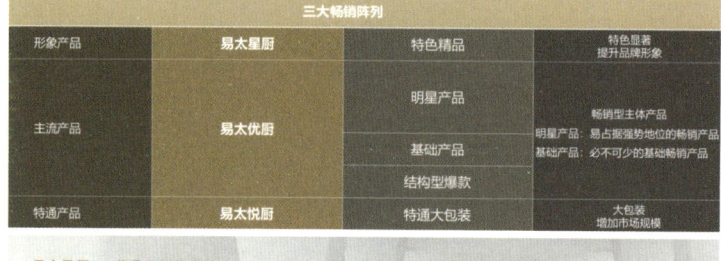

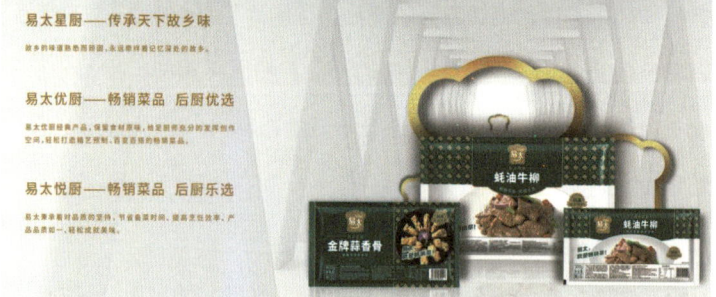

易太产品体系战略:产品线结构规划

3. 产品静销力模型——摆上货架就开卖

杜邦定律认为:"63%的消费者是根据包装来选择产品的,到超级市场购物的家庭主妇,由于精美包装的吸引所购买的商品,往往超过她们出门时打算购买数量的45%。"

"超级引擎产品静销力模型 = 产品卖点 + 包装 + 陈列 + 价格"。

下图是产品静销力模型图,在产品静销力模型中,包装占据了非常重要的地位,一定程度上决定着产品是否畅销。产品的包装设计的本质是:①一上货架就开卖,即包装设计中要传递清晰的购买理由;②包装即传播,即包装要包含清晰的品牌视觉层次及信息层次,成为品牌信息传播的核心载体;③获得陈列优势,即在商品货架环境中获得视觉优势,提醒购买者注意,引诱购买者拿起,鼓动购买者行动。

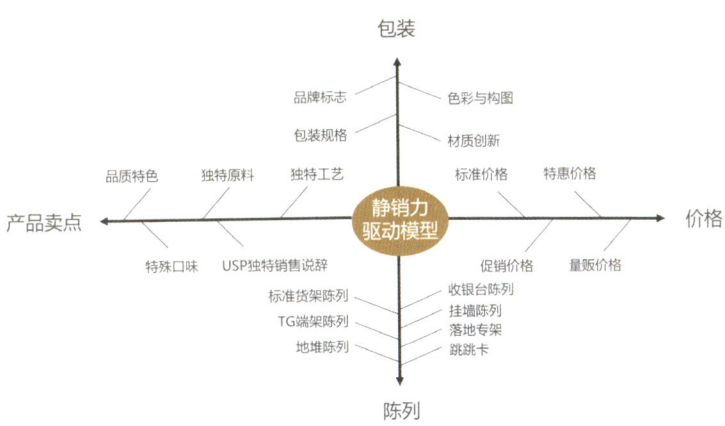

易太产品静销力模型分析

首先，彰显购买理由，将产品名、系列名、产品卖点强绑定。 包装设计是引导购买心理的设计，让每一个产品在没有促销员的情况下，自己能把自己卖出去。易太包装设计的第一个重点就是传递强有力的购买理由：产品名、系列名、产品卖点绑定出现，信息集中化处理，充分彰显产品的购买理由。产品图与信任状形影不离：产品图本身就是最直接的购买理由。20 道安全守护 icon：增强信任，降低心理防线。语言钉："易太，就是畅销菜"强范式化呈现，提振购买热情的同时，深化品牌战略，积累品牌资产。

其次，厘定信息层次，一级信息、二级信息、三级信息等结构清晰。 包装是产品与外界沟通的方式，客户第一眼看到的就是包装，而不是产品，产品即信息，包装即载体。升级前的原包装信息层级比较乱，新包装的设计，信息层次清晰有序。尽管包装只有一面，但在约 22cm×11cm 的方寸之地同时容下了 7 个层级的信息，而且重点突出。其实做到这一点并不容易，赋能中心的总监带着项目组设计师用了四五周的时间在内部做了几十稿的尝试，最后才有了这个强策略强识别的包装设计方案，而且一稿而过。

易太产品包装信息层次如下。

一级信息：品牌 LOGO。

二级信息：产品照片、产品名、产品卖点。

三级信息：超级符号、超级花边、超级色彩。

四级信息：语言钉"易太，就是畅销菜！"

五级信息：信任状"20 道安全守护 icon"。

六级信息：产品规格。

七级信息：产品基本信息。

最后，品牌色强势霸屏，超级花边建立终端视觉优势。三大系列的包装，其色彩统一用易太绿和品质金，强化品牌统一性，品牌色强势霸屏。超级记忆符号，积累品牌资产。易太新版融入品牌超级花边代替腾格尔，积累品牌资产，建立终端视觉优势，形成整齐的陈列感，降低终端发现与选择的成本。

价盘配称
价格决策是老板最大的决策。

价格的本质不是产品卖多少钱，而是消费者认为值多少钱，价格设计是营销的顶层设计，价格决定了营销模式，决定了营销投资和利益的分配。价格决定了市场上的卡位！价格决定了人群定位！价格设计决定利益分配！价格带要考虑长销产品、利润产品、形象产品、阻击产品等四大产品维度。

易太的产品价值定位：高质优价。低价低质产品，没有竞争力；高质优价才是畅销之道。

不同细分市场对应不同的价格带。速冻预制肉品行业，对客零售价有两个价格波峰，第一个价格波峰对应注重品质的中高端餐饮及宴席，第二个价格波峰对应注重性价比的大众餐饮及团餐。易太在高质优价整体价盘策略上，通过产品阵列的结构化布局，占据不同价格需求特征的细分客群，最大限度地做透、做足"高质优价"市场价格区间。

渠道配称
渠道配称策略是品牌发展背后的驱动力量，是品牌利益共同体的政治体系。

根本而言，渠道销售包含两件大事：一是渠道推动，通过渠道将产品推给消费者；二是品牌拉动，让消费者向我们买。

品牌的作用是让"产品好卖"，渠道的作用是"把产品卖好"，一推一拉间就形成了营销闭环。目前在速冻预制肉品行业，渠道推送的力量已经超过了客户拉动的力量。渠道是品牌达成营销目标能组织及动员的各个环节所有推动力量的总和。这"各个环节和推动力量"是什么？不是消费者，而是销售者，是一群活生生的、有强烈利益诉求的人！品牌越能够组织及动员更多的人，就越能在一个共同的利益框架下，为同一个目标而努力，那这个品牌就越能成功。渠道能力首先是你对这些环节和力量的动员能力和控制能力。

这次超级引擎配称，主创团队核心考虑了两大内容。

第一，帮渠道服务好客户才能创造渠道最大的价值。易太经销商的客户是餐饮店，餐饮店的老板及厨师关心的是利润，关心的是畅销菜，而要帮助易太的经销商卖好产品，根本上其实不是卖产品，而是卖帮餐饮店老板赚钱的解决方案。只有这样，才能和经销商形成利益共同体关系，而从战略关系上看，巩固渠道的核心就是打造一个双赢的利益共同体。

速冻预制肉品对餐饮后厨来讲，大多是经过预处理的半成品，它们只是厨师出品畅销菜、招牌菜的零部件，从这层意义上讲，餐饮客户关心的是产品基础上的应用菜谱，关心产品能做出多少道畅销菜，能给餐厅带来多大的利润。

基于餐饮客户对毛利率的高关注，对畅销菜谱的高关注，易太在产品研发部之外，特别设立了研究菜谱的应用厨务部，以协助渠道为餐饮客户提供菜品解决方案，并取得了如下成果。

捞金菜谱：战略级终端营销工具。打造"捞金菜谱"通用版和"捞金菜谱"宴席版，体现产品利润率，提高终端厨师和经销商对易太畅销菜的感知，更好地做到场景和产品精细化营销，以帮助客户服务好客户。

产品目录：重新设计了易太产品目录，从战略花边的应用面积、每个菜品的版式，到菜品图的甄选以及烹饪流程都加以设计。

第二，在快速发展的市场率先渠道下沉，建立渠道统治力。 得渠道者得天下，建立了渠道统治力，就会形成渠道的飞轮效应，即渠道的优势自我增强。如蒙牛、伊利在中国乳业中率先进行渠道下沉，成就了常温奶60%市场占有率的双寡头效应；格力率先下沉渠道，成为中国空调行业的代名词；洋河集团率先下沉渠道，成为中国几大白酒品牌之一。

很多行业随着线上新渠道的兴起，线下渠道的影响力日益式微。不过速冻预制肉品具有特殊性，餐饮企业遍布各区域，对经销商客户资源以及冷链物流有较强的依赖性，各类型的餐饮客户都需要通过渠道去触达。冻品渠道商行业地位很高，但没有一个渠道商有能力完成市场的全覆盖，而且速冻预制肉品企业的渠道体系大多较为粗放，为此易太通过5个铺面计划，率先发起渠道精细化管理的变革：线下渠道深耕及下沉，提升渠道能力，加大市场覆盖，新轮发力启动。

（1）战略性大区划分：目前属于自然增长形成的原生市场分

布,需要形成战略性的大区划分,形成进攻性的市场布局。以点带面,每个大区建立标杆市场,辐射周边。

(2)深度扁平化渠道:厂家直控,走增值经销商模式,带领配送商升级为增值服务商,强销售,强营销,比竞品更早从原先的1批2批向增值经销转型。

(3)区域发展战略:在重点区域市场建立标杆市场,集中资源,实现重点突破,通过一线多点和一线一点的结合,强化销售渠道的广度和深度。

(4)销售终端打造:5个铺面的销售终端打造,要求区域经理必须带着区域增值经销商完成5个铺面工作,做到铺餐厅、铺团餐、铺宴席、铺乡厨、铺酒店。

整合营销传播配称

整合营销传播配称策略是品牌占领消费者心智的利器,是品牌"储钱罐"。

首先,打造品牌战略级公关产品。把公关当成社会服务产品,服务于顾客,服务于社会,成为行业代言人,占领行业制高点,输出标准,成为行业的首席知识官。

在全线战略重新调整后,需要通过战略级公关活动向社会、向渠道进行全面宣发,占领行业制高点,建立思想领导力,向渠道和客户传达企业发展规划、目标,说透品牌战略逻辑,树立经销商信心,建立品牌信任感,树立起大旗,形成引领效应!

"畅销中国·全域突破"易太畅销菜战略暨品牌升级发布会在2020年7月15日召开,这一天被赋予了纪念意义,也是易太里程碑式的一天!

顺应时代潮流，本次发布会采用线上直播的形式，并设立了18个分会场，易太官方代表发表了《因为相信·所以看见》的演讲，线上正式对外发布易太的新架构、新战略、新形象、新产品、新视觉、新营销和新服务这七大全新工程。易太的合作伙伴、经销商及众多嘉宾等共 4.7 万人通过直播的形式一起见证了易太这一升级蜕变的重要时刻！

其次，实施"百千万工程"。终端是销售发生的最后 100 米，是销售的决战地。终端活动的本质是提升终端的流速，因为渠道都喜欢卖流速更高的产品，哪怕只有 10% 的差异，时间累积就是压倒性的优势。终端活动的根本目的是通过提升流速，占领终端货架这个稀缺资源。最好的终端活动往往是终端销售冠军做的活动。

在竞争激烈的速冻预制肉品市场，全新战略和超级视觉系统打造完毕后，需要大规模地迅速宣发！易太"百千万工程"的宗旨就是通过统治力的终端营销活动，达到统治力的终端销售效果。易太通过万店形象、千家试吃和百城巡展活动，进一城，攻一城，迅速大规模地将自己的全新战略和视觉告知给渠道，快速地占领终端的各个品牌触点，深度建立全城厨师对易太的品牌认知，即易太就是畅销菜，易太就是金厨底味预制肉品专家，完成了品牌认知与品牌口碑的双重突破。

从终端门店到厨师试吃，沿着链接餐饮客户的关键触点，进行体系化的品牌感官地图部署，这就是易太"百千万工程"的精髓：渠道铺到一个地方，巡展就到一个地方；巡展到一个地方，铺面就到一个地方；铺面到一个地方，试吃就到一个地方；试吃到一个地方，终端自媒体工程就到一个地方。而终端自媒体工程又包括以下两方面内容。

1. 门店是渠道商与餐饮客户的重要链接点

渠道商门店，同时面对终端餐饮客户与分销商，是渠道商与餐饮终端互动的重要链接点，也是品牌露出的重要触点。但无论是哪条线的客户，都不同程度地受到渠道商门店这个"场"的强力影响。渠道商门店的形象布建，既是"百千万工程"的基础工程，也是建设5个铺面的基础。

终端自媒体工程，是品牌强势密码，万店形象工程完成，一线强势品牌地位就自然建立；也是销售增长密码，万店工程成就大品牌势能，销售翻番目标就有了渠道基础。

2. 终端门店战略落地运营配称：SI手册（销售人员终端布建及维护手册）统一规范门店品牌触点形象露出

迅速铺设的过程中，由于触点的数量、尺寸、环境等各有不同，所以我们需要一套全面的标准化行动指南！这是对品牌人专业策划能力的考验，需要思考全面，考虑透彻。

（1）有效触点评估：成本有限的情况下门店触点如何做取舍？

（2）成本思维在前：如何最大限度地节省物料制作成本和人力铺设成本？

（3）内容布局：物料应用在线下终端门店，不同触点的内容应该如何布局？

（4）内容排序：如果门店触点数量有限，那宣传内容如何排序？

（5）户外基本原则：如何选择户外触点的材质以保证画面防雨防晒延长有效期？

（6）特殊环境如何应用：如环境昏暗，视觉该如何调整以保证效果最大化？

在制作执行手册之前，欧赛斯对以上问题进行了充分思考，最终形成了 SI 手册。

收银台和形象墙

易太终端门店 SI 手册部分展示

要务——面向增长

如果你只有三颗子弹，那这三颗子弹要射向哪里？

企业家每年有上百个动作可以做，企业家陷于企业的内部，时间会属于别人，会陷于行政性事务。企业家中 80% 的时间都忙于 20% 无价值的常规动作。

企业中创造价值的往往是关键性动作，所以一定要抓住最关键的三个动作，采用兵力原则进行压强，集中力量办大事，在关键性的动作中赢取关键性的增长势能。

一家企业并不需要在所有方面都超过竞争对手，而是需要在少数几个方面超过竞争对手几倍，要做到识别核心增长机会，识别战略要务。

易太超级品牌引擎新冠军实战之要务

品牌全案咨询服务方，本质是董事长的参谋本部，参谋本部的核心工作是帮董事长抓住战略要务，即抓关键增长点、抓火车头工程、抓重点战役，通过一次次的战斗，从战役走向会战，从会战走向决战，最后赢得品牌的全面胜利。

到了每年年初，我们都会问企业家一个同样的问题，"如果你只有三颗子弹，那你会射向哪里？"这样我们就可以帮助企业家在纷繁芜杂的事务堆中理出战略要务，找到关键动作，集中力量办大事。

欧赛斯帮易太规划的 2021 年战略要务主要包括以下 6 大内容：①畅销认证，即速冻预制红肉中式餐饮渠道全国销售额领先；②超级畅销大单品巩固行业地位；③第三支战略级大单品打造——手抓扇子骨；④其他大单品畅销价值挖掘；⑤易太畅销联盟；⑥动销大动作——千家试吃。

下面就以畅销认证及第三支战略级大单品打造这两项战略要务工作来详细解析。

1. 畅销认证：锁定易太行业优势地位，驱动行业进一步向易太集中

现在已经不是"酒香不怕巷子深"的年代了，同理，我们的品牌建设也是，所以一定要全线推广，全面宣发，让客户看得到，让潜在客户看得到。只有不断地重复、重复、再重复，才能持续不断地打造和提升品牌力，才能真正占领消费者心智！

畅销认证就一个目的，就是企业的产品畅销了，这是一个非常有力量的信号，千万不要浪费了，一定要像皇上下圣旨一样，诏告天下，将这个强力的信号植入经销商心智，植入餐饮客户心智。

易太获得了"2020 年速冻预制红肉中式餐饮渠道全国销售额领先"的殊荣，这一殊荣也是易太品牌战略"易太，就是畅销菜"的有力证明！这是权威机构全面统计了 2020 年行业数据得出的畅销结论，这对渠道来说无疑是一枚重磅炸弹，直接在客户心里为易太的品牌占领炸出了半壁江山！

在获得这个殊荣后，易太全体销售人员马上开展"市场抢位行动"，即在市场上肉眼可见的品牌触点中展开铺设行动，目的就是全渠道吹起"销售额领先风"，走到哪里贴到哪里。欧赛斯为易太打造的终端布建"五件套"，也方便了销售人员占领终端。

在这里不得不佩服易太人的行动力，一夜之间满城刮起易太畅销风。由于冰柜是产品展示的最有效载体，所以覆盖冰柜围挡就成了最直接有效的推广方式。

易太终端布建"五件套"

2. 第三支战略级大单品打造：建立易太超级单品军团

要想走得快，一个人走；要想走得远，一起走！企业的产品体系策略也是这样，要想获得快速突破，就必须培育大单品；要想企业持续发展，就必须打造出"大单品群"。

大单品是前期发展的必要条件，超级单品军团是企业未来长期可持续发展的根本。不断打造超级单品是抵御竞争的最好方式，是占领市场的关键动作。研发一代、储备一代、上市一代。前期可以通过聚焦资源发展大单品致胜，未来则需要优势复制打造更多的超级产品军团。

易太在过往的 15 年里，积累了非常强大的单品力，蚝油牛柳和酱香脆口条是行业内众所周知的两大超级单品，一直被模仿，从未被超越！这也为打造第三支战略级大单品提供了强有力的产品和渠道基础，所以在畅销认证殊荣的品牌加持下，配合"易太，就是畅销菜"的全新战略，在牛柳、口条的基础之上打造第三支战略级大单品是 2021 年增长攻坚的战略要务。

基于市场调研和竞品调研，我们发现易太手抓扇子骨优势明显，选料优质整齐，根根不低于 11cm，带肉率高于竞品，而带肉率和品相整齐又是餐饮后厨的强烈需求。这样出品的菜品卖相好、肉感足，对易太的手抓扇子骨是个千载难逢的机会！

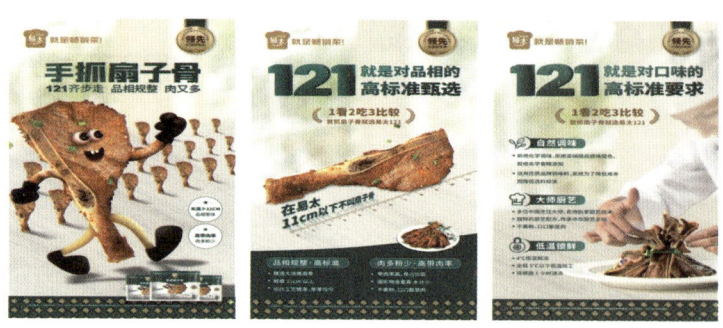

易太手抓扇子骨根根精挑细选，整齐划一，第一眼给人什么样的联想呢？"121"，齐步走。"121"第一时间在脑海里回响，"121"是数一数二，"121"是整齐划一。我们把"121"演绎成易太手抓扇子骨的强识别标签，把"121"演变成易太手抓扇子骨的专属资产，最终成功打造了易太的第三支战略级大单品！

超级品牌引擎让盈利的飞轮转动起来

最后总结一下,我们通过易太的案例带大家一起近距离深度参与了超级品牌引擎打造的激动人心的旅程,这里再次重温一下超级品牌引擎品牌战略落地的 5 大层次。

1. 拎一点:找到自己取胜的位置

品牌战略定位定的是品牌在未来的位置,并朝着那方向全方位地积累和创造价值。看清楚未来,才能决定今天的行动。

2. 抓总纲:如何能抵达这个位置的顶层设计

要抵达战略位置,需要进行顶层设计。为抵达这个战略位置,需要建立战略层体系化的保障,包含事业理论、竞争战略、商业模式、品牌架构、战略路径及品牌超级记忆系统等。

3. 落条目:总纲得以贯穿下去的执行路线图,构建清晰的执行路径

基于战略位置的战略层体系化保障完成后,就要建立战略贯彻下去的执行路线图,构建清晰的执行路径。

清晰的执行路径核心包括 6 部分内容:第 1 部分,品牌触点策略;第 2 部分,视觉传达策略;第 3 部分,产品体系策略;第 4 部分,价盘体系策略;第 5 部分,渠道体系策略;第 6 部分,整合营销传播策略。

4. 贯执行：对接企业的 16 大增长机会，抓战略要务，抓核心增长点

企业在完成战略定位及确定了核心子策略之后，有 16 大增长机会在市场上取得增长。

（1）产品组合策划及价盘设计建立企业全新利润表。

（2）产品爆款策划撕开市场缺口。

（3）产品包装设计建立产品静销力。

（4）产品陈列设计占领终端货架。

（5）渠道规划及创新，通过营销战法建立自己的根据地。

（6）打造样板市场，打造样板门店，验证单店/单区域盈利模型。

（7）通过招商策划及召开招商大会，迅速铺开渠道，快速加盟扩张。

（8）大型地面部队的终端强力铺面、密集分销，形成渠道深度覆盖。

（9）优化单店客户转化，提升单店产出，建立全局型业绩能力。

（10）品牌亮相执行，建立品牌势能，形成品牌全局性优势。

（11）大型公关活动，占领制高点，抢占行业话语权，赢得行业标准。

（12）自媒体化工程出街，商圈引流引发用户口碑传播。

（13）饱和度认知广告攻击，窗口期直接占领心智，建立长期品牌主动选择流量。

（14）配合渠道商及饱和终端活动，形成强力动销，提升终端流速。

（15）数字营销战役的进攻，引发移动端广泛的内容分发，建立移动端品牌占有率。

（16）设计品牌 OAO 的闭环营销打法，提升单点盈利能力，形成持续优势。

对接以上企业的 16 大增长机会，制定战略要务，完成专项攻坚工程的策划。在正确的战略指引和创意的支撑下，企业不断地发起一场又一场的增长战役，积小胜为大胜，变小战为大战、变大战为会战，让所有会战都是为了最终的决战，持续打下去，就一定会取得这个市场的胜利。

5. 抓落地：让每一个执行动作为品牌赢得更多资产，每一次循环让品牌上升到新高度

让企业所有工作聚焦在同一个目标、同一条线上，减少企业废动作，让企业的每一个战术动作背后都有战略的影子，让公司每一张单页、每一张海报、每一支广告、每一个活动、每一次宣传、每一次促销等都在积累品牌资产、建立品牌势能、积蓄品牌力量，让企业的营销行为资产化，像一个"储钱罐"一样把品牌资产储蓄起来，最终积小胜为大胜，从量变到质变，形成品牌的战略突破。

超级品牌引擎的品牌战略落地 5 大层次，本质上就是一眼看到底的策划思维，这是事业取胜的思维方式，是一竿子捅到底的策划，"壹引其纲，万目皆张"。把战略贯穿到经营活动的方方面面，分解到企业产品研发、生产、品质、特色、渠道、广告、促销、服务、组织等方面，甚至每个员工的行为上，"结硬寨、打呆仗"，最终取得事业的成功。

《从优秀到卓越》的作者吉姆·柯林斯提到的盈利飞轮效应所说的，就是企业要找到一个可持续、可良性循环的品牌致胜机制，这个机制就像一个沉重的飞轮，在开始推动时，会非常费力，但通过持续不断地发力，这个飞轮的动能会越来越大，运转会越来越快，最终变成一种不可阻挡的、强劲高效的盈利模式。

盈利飞轮效应就是超级品牌引擎系统所追求的。盈利飞轮效应的本质就是企业的内生增长系统。超级品牌引擎的价值远不是一次品牌全案的创作，从根本上看，它是帮企业建立以品牌为中心的引擎化的工作体系，是帮企业建立以品牌为中心的一组环环相扣、相得益彰、相互增强的独一无二的经营活动，是帮企业植入品牌体系化经营的核心能力。

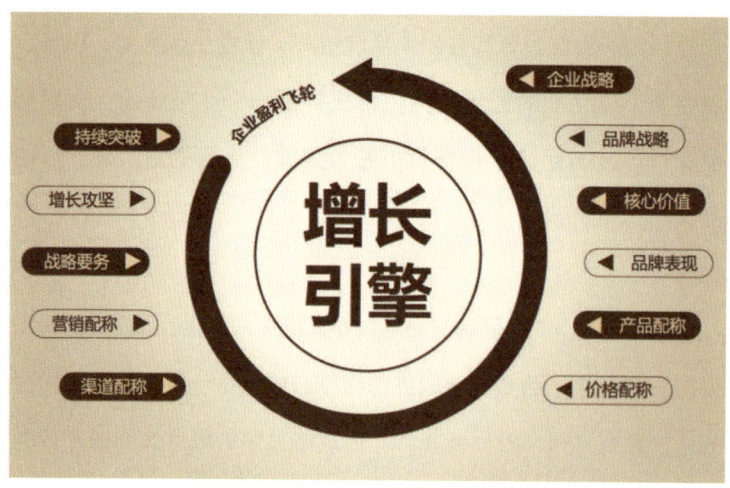

吉姆·柯林斯在最新版的《飞轮效应》中说道："企业从优秀到卓越的转型中，没有单一地起决定作用的创举，没有惊人的创新，没有幸运的突变，也没有奇迹的瞬间。相反，整个过程就像在不

断地推着一个巨大的、沉重的飞轮进行转动。"

用超级品牌引擎驱动企业的盈利飞轮,让盈利的飞轮开始转动起来,越来越强,这是一家咨询公司可以做得最美妙的事情!

故事链

消费者主权时代的品牌增长战略

故事链 4 元素：

- 故事锚。
- 元剧本。
- 角色链。
- 戏剧符。

故事的 3 大营销价值：

- 更强的说服力。
- 让品牌有温度，让消费有体感。
- 减少了信息阻碍，让广告更有传播力。

梁将军

将意咨询创始人。将意相信，未来的一切生意都是内容生意，我们试图帮助中国企业实现"内容战略"转型，我们是新消费品牌认养一头牛、亲爱男友的品牌锻造者，没有之一。

自媒体"梁将军"主理人。代表文章有：《内容的下一个十年：放弃内容营销，开启内容战略》《别做梦了，你的品牌成不了 IP》《被吹爆的"长期主义"到底是什么原理？》。

消费者主权时代，品牌增长不是霸占用户心智，而是不断制造"被链接"的可能，而故事就是最佳的链接工具。

所谓"故事链"，就是用故事制造品牌与用户之间的链接。比如，认养一头牛借助故事链理论，在两年的时间里，年销售额从 2 亿元迈入 20 亿元大关。

消费者主权时代的品牌增长逻辑

从我入行以来，每年都能碰到几个"豪客"，他们企图在 1~2 年内，用巨额的广告费去解决生意问题，但大部分都中途死掉了。

这类企业大体上可分成两类：一类是初出茅庐的互联网品牌企业，他们企图拿着资本的钱迅速建立领先优势；一类是老牌的传统企业，因为他们曾成功过，于是就想用同样的方式复制当年的商业奇迹。

这些"豪客"为什么会倒在广告营销上？想要解释清楚这个问题，我们得把目光落在 10 年前。因为 10 年前的情况与现在恰恰相反，那时候广告投得越多，品牌建设得就越快。

当年的营销环境，我们现在称之为"中心化媒介"时代，全国人民的信息来源都集中在电视、报纸、广播、户外这四大媒介上，尤其以电视为重。这个基本事实，大家在各类营销文章里都读过，但是很多人并没有深入思考，"中心化媒介"造就的营销模式是什么？也就是说，广告为什么在这样的媒介环境下产生了带货功能？

我认为,"中心化媒介"时代衍生出了三个营销特征。

第一,媒体和卖场是分离的,广告不能马上催生购买行为。当年没有电商渠道,只能去线下采购产品。所以,广告所追求的是让消费者记住我的产品,等消费者走进商超购物时,是因为脑海里的广告印象,而选择这个品牌。

第二,媒体单一,广告可以通过重复强化品牌记忆。我们常说80后是有共同回忆的一代人,就是因为80后在其成长环境中面对的是单一媒体,接收的是单一信息。他们看着《射雕英雄传》《还珠格格》和春晚长大,自然也看着脑白金、七匹狼、恒源祥的洗脑广告长大。由于他们没有别的选择,所以广告可以通过一遍又一遍的重复播出,让他们牢牢记住。

第三,封闭的信息环境下,品牌享有话语霸权。因为当时的信息来源单一,所以广告在一个封闭的环境下不断重复,就会达到洗脑的效果。

可以说,在"中心化媒介"时代,广告是在一个封闭的环境中,通过不断重复,产生洗脑效果的。广告的最终目的是让消费者记住,让消费者在其他时空购物时,能回忆起产品的名称和卖点。我们以往所有的品牌理论都是围绕这个大背景构想的。

什么是品牌?营销理论上当然有各种各样的定义,但在我看来,品牌的本质就是一种记忆术。我们把产品的所有复杂特点浓缩成一句广告语,把企业的气质描绘成一个鲜明的视觉 LOGO,把冗长的产品说明书浓缩成一段15秒的TVC,这些都是为了让你瞬间记住这个品牌。

所谓的品牌认知度、美誉度、忠诚度,其实都是品牌记忆基础上的演化。如果说品牌理论就是一套记忆术,那么我们就很容易理解各式各样的品牌理论了。

USP理论:产品要提炼出一个核心卖点,方便消费者记忆。例如"充电5分钟,通话2小时"。

定位理论:人们无法记住第2名之外的东西,所以品牌要在一个新领域占据消费者心里第1的位置。例如"飞鹤,更适合中国宝宝体质的奶粉"。

超级符号理论:找到一个人类社会共有的记忆符号,把它用在品牌上,让看到的人一下子就能记住和认知。例如,固安工业园区,"我爱北京天安门正南50公里",把"天安门"作为记忆的超级符号。

在互联网到来之后,一切都变了。互联网改变了我们获取信息的方式,我们进入了一个"去中心化媒介"时代,之前的信息传播轨迹彻底变了。

首先,媒体和卖场合一,所见即所得。电商渠道、新零售的崛起,让我们看到广告之后,点击一下就可以链接到购买页面。我们看到商品之后,扫一扫就可以了解它的各类信息,如果我们觉得产品好,或者干脆就是觉得包装有意思，都可以发在微信朋友圈晒一下。

其次，媒介碎片化，让广告难以产生重复效应。我们已经进入了一个读屏时代，户外屏、手机屏、电脑屏、Pad 屏……还有屏内无数的应用软件，以及软件里不计其数的碎片内容。在屏与屏之间、软件与软件之间、内容与内容之间，消费者的注意力被割裂成渣。

最后，信息的透明化和流动化，让消费者有了更强的判断力。曾经，每个广告主最喜欢的广告语句式是"×××，就选×××"，例如，"送礼就送脑白金"。这类广告语通过霸占某个领域的词汇，从而占领消费者的一块心智记忆。但今天，我们可以通过微信、搜索、电商评论等方式迅速弄明白品牌是否在夸大其词，品牌在消费者面前几乎是赤裸的。

我们把"中心化媒介"时代的传播路径叫"中心簇"，广告信息可以通过一个点辐射到所有人群；而"去中心化媒介"时代的传播路径是"节点网络"，所有的信息都变成了一座座信息孤岛，这些孤岛之间只有一个节点相连。

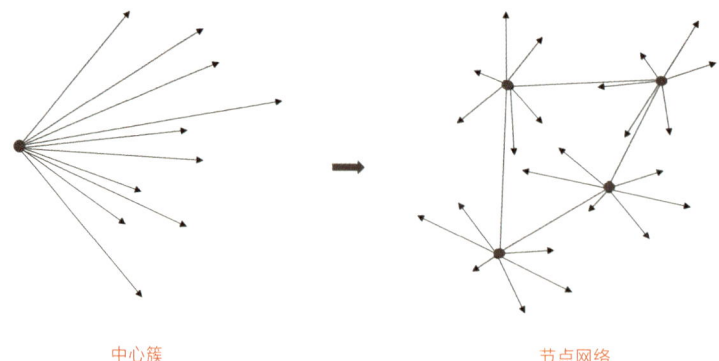

中心簇　　　　　　　　　　节点网络

"中心化媒介"时代，广告信息的传播路径是点——面，更侧重"播"；"去中心化媒介"时代，广告信息的传播路径是点——点，更侧重"传"。这也是为什么企业开始注重口碑营销了，因为品牌会在"口口相传"中崛起或者败亡。

在这样的信息背景下，企业再难以通过管理品牌符号和加大广告预算去影响消费者决策了。这也是为什么有人在唱衰定位等品牌理论了，因为这些理论要在单一、封闭的传播载体下，才能发挥最大效能。

信息的传播路径改变了，但大部分企业并没有改变自己的营销思维，他们只是把品牌在传统媒体上的增长逻辑照搬到了新媒体上。

90%的品牌咨询公司在为客户做完定位后，都要在传播时选择户外广告进行心智占位。为什么不选互联网媒体？因为只有户外广告这种单一、封闭的传播载体，才能把品牌slogan（口号）钉入消费者的心智里，而互联网媒体是千人千面的，根本干不成这事。

这就造成了一个非常尴尬的局面：咨询公司为企业建立了正确的"定位"，但企业很可能没有足够的钱、没有足够的时间去"占位"。咨询公司的理论像是一根尖锐的钉子，可惜的是客户手里没有锤子。

我们提过，"去中心化媒介"改变了信息传播的轨迹，信息与信息之间，由无数个节点网络连接，营销的侧重点在"传"而不在"播"。"去中心化媒介"环境下，营销最大的障碍是人群的颗粒度变小了，广告无法形成规模化效应。

数字化时代的品牌增长逻辑变成了：驱动节点，链接用户。想尽一切方式驱动节点的传播，让节点与节点链接成群落，然后赋予群落独有的文化内核，进而渗透到大众人群。

过去，我们把消费者的注意力当成必须争夺的资源，我们的营销思路是霸占用户、驯化用户。但这种思维解释不了新兴品牌的成功，比如喜茶、小米、拼多多、完美日记，更解释不了伟大品牌的成功，比如苹果、微信。

所以新一代的咨询公司要调整思路，用尊重用户的方式去赢得用户。品牌增长不止要霸占用户心智，也要不断制造"被链接"的可能，而我制造链接的方法，叫"故事链"。

故事链：所谓增长，就是用故事链接越来越多的用户

尤瓦尔·赫拉利在《未来简史》里提出了一个非常有意思的观点："虚构"是人类文明发展的关键力量，人类社会活在一个巨大的虚构故事里。比如，我们居然可以用一叠纸去换取吃穿用，那些纸之所以变成了"钱"，不是因为上面的防伪标志，而是我们所有人都对它的用途深信不疑。

公司、社团等都是人类虚构出来的故事体，这里面当然也包括品牌效应。

这就是故事链理论立足的价值观：世界只有你会相信的真相。而塑造真相最好的方法是模拟一个故事环境，让人们身临其境、乐在其中。

如果你问我故事链和市面上那些讲"故事营销"的书有什么区别？我会告诉你：市面上讲"故事营销"的书，大多是教你一套故事的文本写法，让你通过讲出一个跌宕起伏的故事，把品牌价值表达得更有意思。换句话说，"故事营销"只是一门文案课或者演讲课。

而故事链不是这样的。故事链的理论是把企业的所有经营活动，当成一个巨大的故事场。企业的经营目标就是创造故事，把现实里的用户链接到故事场里，让他们成为故事里的角色，从而帮助企业一起推进故事的发展。

故事链理论不仅会涉足广告，还会牵扯产品开发、品牌战略、组织架构、商业模式等一系列模块。

为什么是故事

"桌上有一枚蛋"。

大家听到这句话，脑子里浮现的画面就是一张桌子，上面放着一个鸡蛋。但是，你怎么知道我说的就是鸡蛋？有没有可能我说的是鸭蛋、鸵鸟蛋、恐龙蛋或者是抽奖用的金蛋？而且，即使我说的是鸡蛋，那这枚鸡蛋是生鸡蛋，还是熟鸡蛋？是剥好壳的鸡蛋，还是带着生泥土和血丝的鸡蛋？很有意思是吧。

其实以上这些信息都是可能的，但是当我说出"桌上有一枚蛋"之后，几乎 90% 的人脑子里的画面都是普通餐桌上放着一枚鸡蛋。

这就是我们为什么需要故事：事实和真相往往是多样的，面对同样一件事，大家的认知是不一样的，但是故事可以把参差的认知整齐划一。

所以，故事是人们理解世界的快捷键。品牌只有学会操作这个快捷键，才能更容易和你的用户达成共识。

这就是故事的第一个营销价值：更强的说服力。

假如我们想推广一双耐克的 ZOOM KOBE 1 篮球鞋，我们可以宣传很多卖点，如包裹、缓震、透气、抓地、保护脚踝……

"就拿脚踝保护来说，ZOOM KOBE 1 篮球鞋的中间夹层里有记忆海绵，能让脚充分适应鞋子的包裹，内靴里还有向上延伸的魔术贴，防止脚踝严重翻转。可以说，ZOOM KOBE 1 篮球鞋是耐克完美革新的结晶，其轻盈度、敏捷度都具有历史性的突破……"

而所有的卖点，都不如下面这个故事更能打动消费者。

"2006 年 1 月 22 日，科比在对阵多伦多猛龙队的比赛里，天神下凡般地砍下了 81 分，成了 NBA 历史上获得单场第二高分的球员。当时，科比就是在这双 ZOOM KOBE 1 篮球鞋的辅助下，登上了自己职业生涯的巅峰……"

不管是产品卖点，还是品牌定位，常常都像石头一样冰冷。比如，良品铺子高端零食、怕上火喝王老吉。而消费者买一样东西，不仅仅是理性决策，还需要一点点心动的感觉，而故事就是那个让消费者心动的"少女"。

这就是故事的第二个营销价值：让品牌有温度，让消费有体感。

问你一个问题：我们在微信、抖音、钉钉这些社交软件中的聊天信息，在我们所有聊天里的占比有多大？

有人做过统计，他问了数百名学生和管理人员，大家的答案大约是 50%。但是，美国一家咨询公司凯勒费伊集团（Keller Fay Group）的调研结果是：只有 7%！

至今为止，社交媒体仍然不是我们的主要信息传播渠道，线下的聊天才是。我们都高估了社交媒体在信息传播上的威力，反而忽视了线下生活中口口相传的重要性。而故事的信息结构，最容易引发口口相传。当我们和另一个人八卦一件事、描述一段经历时，最常用的说辞是什么？

"哎，你听说了吗？昨天晚上，有人看见刘秘书坐张总的车回的家……"

"你这么一说,我才反应过来。好像一到下午,刘秘书就往张总办公室里跑……"

上面我模拟了一段同事之间的八卦聊天,这段八卦聊天虽然很短,但是却有了时间、地点、人物、事件,以及因果关系。这些因素都是一个典型故事的叙述逻辑。我们天生就习惯用故事的叙述逻辑去描述和传播一个事实,这样的形式也更容易引发人们的口口相传。

这就是故事的第三个营销价值:它减少了信息阻碍,让广告更有传播力。

不管从说服逻辑、情感逻辑还是传播逻辑,故事都是最简单、最好用的武器。下面,我们来介绍一下故事链的四个理论支柱:故事锚、元剧本、角色链和戏剧符。

故事链的四大理论支柱

故事锚

"锚定"是丹尼尔·卡尼曼提出的一个行为经济学概念,意思是当我们评估一件事时,会下意识地寻找一个参照物,并把参照物当成判断当下这件事的标准。这种影响就像沉入海底的锚一样,把人的思想钉在一个地方。

比如我问你,"你认为甘地死亡时的年龄是大于 100 岁,还是小于 100 岁?"你觉得答案是多少?100 岁还是 90 岁?真实的答案是 79 岁，而你的答案会严重受到 100 岁这个锚点的影响。

消费者其实每天都被"锚定效应"影响着。他们如何判断一件商品是贵还是便宜？他们的"锚点"可能是商品上个月的价格、竞品的价格或周围货架上其他商品的价格……

故事锚是借助一个故事化的锚点，颠覆消费者的选择坐标系，推翻对手的游戏规则，创造更大的市场空间。

元剧本

元剧本是指你的品牌故事不是一个封闭的故事，而是一个"开源"的剧本，像安卓系统一样，可以被用户自定义。

2019 年 4 月，《复仇者联盟 4》上映，引发了很多"复联"粉的回忆，因为《复仇者联盟 4》是"复联"的最后一部，所以很多粉丝看完电影之后，都在抖音里用同一首背景音乐（BGM），制作了告别视频。

这首背景音乐就是《复仇者联盟 4》的元剧本，它让所有的"复联"粉，都可以在同一个框架内抒发感情，但同时又表达了千人千面的情感。

角色链

故事，当然离不开角色。在故事链的理论里，品牌故事不是只有一个主角，而是各种角色粉墨登场的世界。

在一个品牌故事里,剧本是由品牌与用户、创始人、媒体、合作方、员工、IP 等角色一起撰写的。企业的营销目标就是：不断寻找新角色,并将其纳入你的故事里。每链接一个角色,你就开发了一批用户,创造了一次新的商机。

角色链就是企业要不断将和生意相关的所有人和组织,链入你的品牌故事里,不断壮大故事里的角色配置,让更多的人帮你推进这个故事。

戏剧符

戏剧符指的是我们要用戏剧原理设计品牌视觉符号。很多品牌的视觉系统虽然都是美的,但却是没有竞争力的;也有很多品牌的视觉系统有竞争力,但却是丑陋的,是靠博取用户眼球换来的。

戏剧符的关键是制造视觉的"代入感",让用户一眼看上去就"有戏",从而制造视觉上的用户接口。

只看理论,估计大家没法真正看懂故事链。下面我们进入实战部分,看看我是如何运用故事链原理,帮助认养一头牛打造品牌营销系统的。

故事链的实际应用：认养一头牛案例拆解

2019 年,认养一头牛品牌方找到我,问我可不可以为他们做品牌定位。当时的认养一头牛刚刚成立两年,营收不到两亿元,远不是今天这个规模。

后来，我在北京先后见了认养一头牛的联合创始人兼 CEO 孙总以及当时的市场负责人美玲，隔几天又见了认养一头牛的老板徐总。

简单聊过之后，我们很快就确定了合作关系。当时我还惊讶于他们的高效，后来徐总告诉我，他们之前已经走访了一些大咨询公司，但"总觉得他们不理解我们"。因为无意间看了我的文章，所以就尝试联系了一下，没想到谈得很合拍。

而后，我就进入了品牌诊断期，看看认养一头牛当时的瓶颈在哪里，需要什么样的品牌战略才能保证它在未来的增长中不失速。

经过大约一个月的调研分析，我在品牌、传播、组织、渠道 4 个层面给认养一头牛出具了诊断报告。

比如，在品牌价值提炼方面，认养一头牛的问题就很大。当时，认养一头牛在不同宣传渠道，主打了不同的品牌利益点，这些利益点细数下来，居然有 5 个之多！

好牛奶，从牧场直达餐桌。
你能看见，好牛奶的诞生。
做一杯让中国人放心的好牛奶。
好的牛奶并不贵。
国民好牛奶。

不同的宣传渠道能看到不同的品牌观念，而不同观念之间又相互重叠、冲突，并没有相互赋能，无法给消费者带来清晰的品牌印记。

认养一头牛的 slogan，原本叫"好牛奶，从牧场直达餐桌"，但这句 slogan 的问题更大。首先，什么是"好"牛奶？这个"好"字是个模糊的概念，slogan 里并没有清晰定义出"好"牛奶的标准。

其次，"直达餐桌"的"直达"又代表了什么？时间短还是中途没有被倒运？后来我问各大事业部的负责人，他们告诉我"直达"是想突出产品的"无调整"和"可溯源"，但这个说法很绕，用户无法秒懂。

最后，"从牧场直达餐桌"一般传递的是"新鲜"，认养一头牛的产品不是鲜奶，也不是低温奶，很显然这个表达也没有产品端的支撑。

最终，在品牌层面，我梳理出 6 个方面的关键问题：品牌视觉、产品包装、品牌商标、产品卖点、品牌理念、价值提炼等。在和认养一头牛上上下下达成共识后，我们进入了真正的战略规划期。

在认养一头牛之前，行业如何界定什么是好牛奶呢？大家会从 4 个方面制造卖点：营养成分、产品口味、牧场／奶源、产品背书。

营养成分：和对手相比，不具备优势。

以纯奶为例，在营养成分方面，以特仑苏和金典为首的品牌，掀起了一股蛋白含量的数字竞赛。

今年这个品牌打的是 3.6g/ml 蛋白含量，明年对手就开始打 3.8g/ml 蛋白含量。但其实业内人士都知道，高蛋白含量是用"闪蒸技术"实现的，并不意味着牛奶本身的蛋白含量就高。

而认养一头牛卖的是"无调整"牛奶，也就是不做人工"闪蒸技术"处理，牛奶天然的蛋白含量大约在 3.3g/ml。但是，当时认养一头牛和其他品牌一样都在强调蛋白含量，显然，这么做没有任何竞争优势。

产品口味：产品口感与宣传不符。

正因为认养一头牛卖的是天然蛋白含量的纯奶，所以它的牛奶口感很淡，并没有其他品牌的牛奶喝起来那么浓郁。很多用户留言都提到过类似的话，但当时认养一头牛的产品，也在跟风式地打出"浓浓滋味"这样的卖点。

牧场/奶源：宣传上有细节、有温度，比其他品牌好。

认养一头牛其实是做牧场起家的品牌。当时，认养一头牛最核心的牧场叫康宏牧场，坐落在河北故城县。康宏牧场在业内非常出名，因为短短几年间，康宏的奶牛单产量就做到了全国 TOP 级别，超过了很多历史悠久的牧场，是业界的一个传奇。

认养一头牛在刚成立时，很多合作方并不信任这个初创品牌。

所以他们认养的做法就是邀请合作方参观牧场，合作方见识了康宏牧场对奶牛的精细化管理之后，都对它的牛奶质量肃然起敬。最关键的是，认养一头牛在对牧场的宣传表达上，比其他对手更有温度。

一般牛奶品牌在宣传牧场时，文案话术是：专属牧场、优质奶源、严控工艺……这些表达冰冷又无感。而认养一头牛的牧场宣传，很多都是网红在牧场游之后，产出的内容"种草"文章，其文案很活泼，会讲牧场是如何精心饲养奶牛的，比如奶牛会听音乐，还要做药浴等。

产品背书：网红气质更强。

当时，认养一头牛的信任背书主要有两部分：一是创始人徐晓波和财经作家吴晓波的个人背书；二是大量网红"种草"之后，形成的网络口碑效应。而奶业巨头们则完全不同，他们一般用"超级明星 + 超级 IP"的组合，营造国民性认知。

在品牌背书这个层面，认养一头牛只能算是有特色。4 个方面分析下来，认养一头牛只有在"牧场 / 奶源"这个层面上，是有竞争力的。但问题来了，"牧场 / 奶源"是一个 to B 优势，很难向消费者解释这么复杂的工艺技术。而且，也有个别品牌是把牧场优势作为核心卖点的。

比如圣牧，主打的产品卖点是"有机牧场、沙漠绿洲"。2021 年，特仑苏也推出了一款"沙漠有机奶"，主打的卖点也是沙漠绿洲里的限定奶源。在"牧场／奶源"这个层面，市面上所有品牌的卖点表达，都聚焦在以下 4 种说法上。

（1）限定牧场：牧场是自己的，或是拥有优质土壤、奶源的稀有牧场。

（2）奶牛品种：有些产品就强调牛奶来自稀有牛种，比如金典的超高端产品线娟姗牛奶，主打的就是娟姗牛的奶源。

（3）有机饲养：金典用的就是有机饲养的概念。

（4）高薪设备：牧场里的设备在消毒、运输、加工等方面都有更高的保障。

如果把认养一头牛的品牌战略落实到上述任何一种表达方式上，都没法形成绝对的竞争力。怎么办？这个时候，我们就要用到故事锚的思维了。

故事锚

传统的品牌定位理论，一般是从品类分化中找机会，在品类分化的关键时间点上，细分一个品类或者创新一个品类。比如君乐宝芝士酸奶，就是看到了芝士这种口味的消费趋势，从而将芝士和酸奶两种不同口感的产品组合，创新了一个新品类——芝士酸奶。

但不管是细分品类还是品类创新，都是在消费者原有的思维框架里进行发挥的。如果我们把营养成分、产品口味、牧场／奶源、产品背书等所有影响因素想象成一个选购坐标系的话，那定位的逻辑就是在这个坐标系里找到一个空白的或者有竞争优势的位置。

但故事锚不是在消费者心智里找到一个空白点,完成心智占位。故事锚是用一个锚点,彻底改变消费者的选择坐标系。

当时,我分析的结论是:认养一头牛的品牌落点,绝对不是"牧场",而是"养牛"!

品牌层应该表达的是"奶牛养得好,牛奶才会好",企业层应该表达的是"我们不生产牛奶,我们只是替用户饲养奶牛"。

在认养一头牛之前,还没有任何一家企业把"养牛"当作品牌的核心战略。虽然"牧场"和"养牛"听起来像是一回事,只是换了一种表达方式,但从用户的选购逻辑上看,这完全是两回事。

如果认养一头牛的品牌强调的是"牧场"有多好,那么认养一头牛就是在遵从行业的表达规则,用户就会拿它和其他主打牧场的品牌进行比较。但如果认养一头牛的品牌强调的是"养牛"有多好,那么认养一头牛就打破了之前的游戏规则。用户选购一款奶的标准，就是盯着这个品牌看它养牛养得好不好，于是我们就用一个新的锚点，改变了用户的选择坐标系。

而且，"牧场"是一个没有温度的概念，不管你的牧场是沙漠绿洲，是有机饲养，还是引进了稀有牛种，都是一堆冰冷的事实，都没法让消费者真心爱上这个品牌。但"养牛"则完全不同，牛活得舒不舒服，牛的饮食、运动、脾气、表情，饲养员和牛的关系……这些细节都可以挖掘出非常丰富的故事来。这些故事会让你的品牌"活"起来，有血有肉，从而让消费者感受到品牌的态度和情绪。

这就是故事锚，锚定一个概念，彻底改变消费者的选择坐标系，然后把锚点做故事化处理，用故事无限放大消费者对锚点的感知力。

另外，传统的定位理论是在消费者心里找品牌位置，认为品牌的终极战场在外部，也就是消费者的心智里。

这个道理没有错，但在当下的商业格局中，仅仅依靠"心智占位"，一家企业是没法赢得终极竞争的。我认为，当下的竞争，不能只靠"心智占位"，而是要占据一个"生态位"，即不是抢占用户的心智位置，而是抢占企业的"生态位"。

"生态位"是指一家企业在产业格局中的位置。只有一家企业先在整个大的产业格局中找准位置，这家企业的品牌才能在用户心里占住一个位置。

想锚定企业的"生态位",我们的衡量维度有 3 个,分别是 3 个链条:一横、一纵、一虚。

一横,是竞争链,指企业与对手的竞争关系。
一纵,是供应链,指企业在产业上下游中的布局。
一虚,是用户链,指品牌为用户创造了什么样的价值。

为什么面向用户的价值链是虚线呢?因为价值链其实是供应链和竞争链在用户心里的投射。最终,企业所有的优势都要转化成品牌优势,然后传达给用户。企业只有在一横、一纵、一虚中,同步找到自己的优势位置,才能锚定"生态位"。

以认养一头牛为例,我们拆解一下,为什么它的"生态位"必须锚定在"养牛"上?

从供应链来看,认养一头牛是做 to B 生意起家的,在牧场经营管理方面是业界翘楚,认养一头牛的品牌是 to B 生意的延伸。对比一些竞品,认养一头牛就拥有了价格优势和品控优势。

从竞争链来看,产品层相关的新定位或新卖点,比如蛋白含量、特殊成分等,都不具有任何优势,这些卖点乳业巨头们都可以立刻复制。乳业巨头们唯一无法模仿的,就是认养一头牛的牧场对奶牛的精细化管理。强大的对手能复制的只有资源优势向的东西,像"养牛"这种技术和管理向的优势,不是轻易可以复制的。

从用户链来看，各大品牌不断用技术手法提高蛋白含量，这是缘木求鱼。这就好比我们想让母乳营养成分更好，不能后天在奶里添加营养成分，而是要侍候好孕妇。所以，更好的牛奶一定来自更好的奶牛饲养。

找到了故事锚之后，下一步就是打造元剧本。

元剧本

认养一头牛的故事锚是"养牛"，slogan 是"奶牛养得好，牛奶才会好"。这个故事锚的目的是击碎竞品的卖点体系，在用户心智中重新定义什么才是好牛奶。

但是，这个话术缺少事实支撑。在前期走访牧场时，我观察和记录了许多养牛的细节，而这些细节就是锚点的事实支撑。

不过这些信息需要做故事化处理。只有被故事化，这些信息才会有更大的传播力和吸引力，品牌才会有机会让用户主动链接。

元素材：卖点的故事化加工

在盘点了所有的关键信息后，我把认养一头牛的养牛特色，归纳为 5 个"好"字。

心情好！
每头牛都会听音乐、做 SPA、享药浴。

吃得① 好!

每头牛每天伙食费约 80 元。

住得好!

每头牛都配有"保孕院""产房""幼儿园"。

工作好!

每头牛都有"带薪"年假和定期体检。

出身好!

每头牛都是澳洲血统,均可查到谱系档案。

---

① 配图因是海报设计图,故保留原貌。

我把这个养牛的标准称之为"好好好好好级奶牛"。"好好好好好级奶牛"将代替蛋白含量、稀有牛种、高端的品类定位，成为认养一头牛的产品质量 icon。

当消费者看到这家企业的牛活得比人都好，他还会怀疑牛奶的品质吗？而且，"好好好好好级奶牛"并不是生编乱造出来的概念，所有的"好"都有事实支撑。比如，做 SPA、听音乐、"带薪"年假，这些在奶牛专业的饲养里，对应的是"奶牛舒适度"课题，很多养牛专家是专门攻坚这个课题的。

"好好好好好级奶牛"的表达，是把原有枯燥的信息进行了故事化处理。虽然我没有按照时间顺序讲一个故事，但是听到这种表达，用户脑子里自然就有了细节满满的故事画面。不过"好好好好好级奶牛"其实只是认养一头牛故事体系里的"元素材"，还没能形成元剧本。我们还要以"元素材"为基础，来撰写一个消费者愿意主动参与进去并可以自定义的元剧本。

元剧本：故事化一种商业模式

不久的将来，一杯牛奶是哪头牛产的？这头牛是什么品种？近期健康状况如何？什么时间送进工厂加工？又在什么时间摆上货架……这一系列生产行为都可以被记录，消费者只要扫产品上的二维码就可以看到实时数据。在乳制品行业内，这被称为"全产业链溯源"。

目前，认养一头牛已经和阿里达摩院＆天猫精灵进行战略合作，借助阿里的技术实现"全产业链溯源"。

当牛奶产业可以做到"全产业链溯源"时，企业和消费者之间的关系就是透明的。未来的乳企只要干好一件事就行了，那就是养好奶牛。消费者将不会再受到代言人、产品包装的诱导了，他们可以直接看出牛奶的好坏。

为了落实这个未来感的故事，我们发起了"百万家庭认养计划"。我们认为，既然消费者相信我们的奶牛养得好，那就可以不在意产品是什么，直接买服务就可以了。消费者可以购买我们的"认养卡"。"认养卡"是认养一头牛打造的周期购服务，把传统线下的订奶业务搬到了线上，消费者只要线上订奶，就可以享受全年的上门送奶服务。

比如，认养一头牛联合吴晓波频道推出了书香奶卡，消费者买奶卡时，还会赠送价值 300 元的知识付费课程；还联名了千年文化 IP 敦煌，推出了匠心奶卡，额外赠送敦煌限量版香囊。

角色链：让更多人帮你推广商业故事

我说过，元剧本是一个开源的商业故事，可以被消费者自定义。而如果想让元剧本被更多消费者使用，就需要主动邀请各种角色，加入企业的故事里。

这时我们用到的就是角色链。如果我们想放大元剧本的影响力，那就要主动制造流行效应，让不同的角色为认养一头牛代言。于是，我们设计了"认养星推官"计划和"牛人故事"计划。

"认养星推官"主要针对企业外部的角色，让他们和认养一头牛产生关系，成为认养一头牛的隐性代言人。

比如"专家星推官"，当时我们找来了两位业界专家，为"养牛的专业度"代言。一位是王艳明，美国密苏里大学博士后，被誉为中国奶牛舒适度第一人；一位是甄玉国，博瑞集团董事，奶牛饲养方面的专家。

比如"明星星推官"，2021年认养一头牛邀请罗永浩作为奶牛的首席福利顾问，他在短片中给认养的奶牛写了一封信：太久未见，甚是想念，听说每天伙食费有80元，喝的是地下380米的井水，还有博士专家做健康顾问……

即便是认养一头牛在做直播时，也没有一味地带货。在某些场次，我们会把直播当成一次品宣的机会。

"牛人故事"主要针对企业内部的角色，让企业的创始人、高管、员工都加入企业的故事共创中。

我们特意在认养一头牛的牧场里，建立了"牛人学院"，我们会定期找外部专家和牧场里的员工进行培训交流，"牛人学院"的成绩也将计入员工的晋升和薪酬体系里。

我们发动了认养一头牛的人力资源部门和市场部门，对内挖掘"牛人故事"。比如，康宏牧场犊牛部的王春娟，是牧场里的"犊牛妈妈"。有一次，因为她的细心照料，一头早产的小牛被救活了。

王春娟从此对小牛有了感情,她还给这头小牛买了一只小铃铛,只要王春娟喊声"宝宝",小牛就会做出回应。

在我们正式帮认养一头牛打造故事链之前,认养一头牛只有创始人的创业初心故事。现在,认养一头牛已经形成了一个故事矩阵,而且这个故事矩阵可以不断被更多人补充,越滚越大。

这就是角色链,它可以帮助我们不断壮大故事里的角色配置,让更多的人帮品牌推进商业故事。你的品牌故事就在这样一次次的角色链接中,不断被更多人认识。

戏剧符:视觉,就是一场戏

下图是认养一头牛的形象IP"一头"。当时,在一堆线稿里,我一眼就"叼"中了这头一字眉的小牛。

"一头"就是认养一头牛的戏剧符。

因为故事链的思维方式，不是霸占用户的心智，而是激发用户主动链接的欲望。而戏剧符作为故事链理论里的视觉支柱，它要求一个品牌的视觉要做到"代入感"，让用户一眼望过去，就有亲近和触摸的欲望。

大部分企业还仅仅把品牌视觉理解为"高颜值"，这么理解品牌视觉是肤浅的。过于漂亮反而会让人产生提防心理，让人觉得不真实。所以，特别美的包装往往都是没有转化力的。

好视觉的标准有两个：一是冲突感；二是代入感。

所谓冲突感，就是品牌视觉和竞品视觉的对立，比如OPPO是绿色的，小米出手机就不能还用绿色，而是用黄色。冲突感，可以让品牌借助视觉武器一下子跳出竞争，瞬间让用户注意到自己。

而代入感是指，当品牌视觉引起用户注意之后，视觉要有能力黏住用户，代入用户的情绪、身份、信念等非语言的情感。

"冲突感"和"代入感"都是戏剧理论的关键要素，有冲突的戏剧才好看，有代入感的戏剧才能让观众共情。

大家可以再看看"一头"，它虽然表情是憨憨的，但却让你有捏一把的冲动。这是怎么做到的呢？下面这张图是我当时在牧场调研时拍摄的小牛照片，也就是"一头"的原型。我发现牛的脾气，是木讷、迟钝、腼腆、慢性子、对事不敏感的。这种性格让我想到了日本作家渡边淳一的一本书，叫《钝感力》，渡边淳一认为现代人都太敏感，对痛苦挫折都太过在意，应该活得更钝感一点。

牛奶的核心消费者是妈妈群体，而职场妈妈们常常有很大的精神压力。她们敏感又脆弱，治愈她们需要的不是更多的聪慧，而是更多的"迟钝"。

"一头"这样的奶牛形象，能够唤起她们内心的单纯和憨直，我希望她们能用这样的态度面对家庭和职场，不再害怕生活里的挫折。目前，"一头"已经渗透到认养一头牛的各种经营活动里，包括虚拟主播、终端堆头、IP衍生品、快闪店、品牌联名等。在各种营销场景下,"一头"像一个善良的黑洞一样,把很多用户代入认养一头牛营造的故事里。

用故事锚来锚定品牌的战略核心,用元剧本对品牌信息做故事化改造,用角色链将用户卷入其中,用戏剧符制造故事的视觉代入感。故事锚、元剧本、角色链、戏剧符,构成了一个以故事为核心的用户链条。

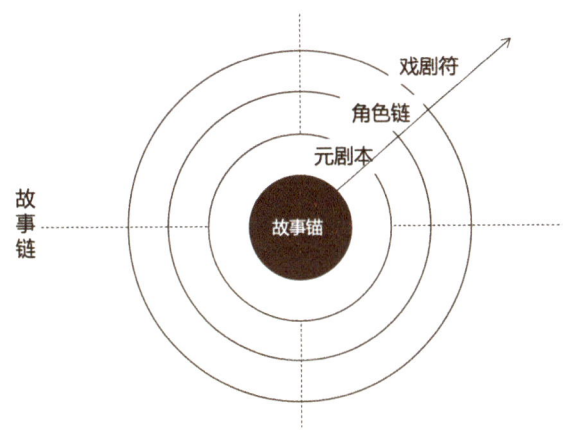

最后清点一下认养一头牛的品牌资产。

故事锚:一家替用户养牛的公司。

元剧本:百万家庭认养计划。

角色链:认养星推官。

戏剧符:IP"一头"。

2020 年,认养一头牛的销售额已经突破 15 亿元,在全网拥有 2000 万粉丝,其中有 500 万认养会员。2021 年,认养一头牛是天猫 618 店铺成交榜的 Top1、品牌榜的 Top3。

故事链适合什么客户

故事链适合两种类型的客户。

第一种,是度过了"品牌创牌期",迈进"品牌成长期"的客户。

在"品牌创牌期",企业的核心职责是活下去,他们会做各式各样的探索和尝试,一切营销都以获取销量和流量为最终目的。当企业度过了这个草莽阶段,进入"品牌成长期"之后,之前的野蛮生长逻辑就不好用了,企业必须建立自己明确的战略方向和市场打法。

这个时期,企业要快速搭建自己的品牌资产体系,找准品牌战略路线,从而让品牌替代流量驱动市场增长。只有完成这个转型,企业才能获得长远的增长。这时企业可用故事锚找到战略重心,用元剧本搭建内容体系,用角色链制造传播势能,用戏剧符完成视觉沟通。

第二种,是"品牌成熟期"的转型客户。

"品牌成熟期"的企业,为了防止自己掉进"品牌衰退期",必须调整之前的品牌战略,找到第二增长曲线。这时,企业要从外部的增长机会上,重新审视自己的品牌战略。而故事锚是从"生态位"的视角,重新审视企业在产业格局中的位置,通过竞争链、用户链、产业链的生态图谱,重新锚定企业的战略落点。

结　语

消费者主权时代，品牌增长不是霸占用户心智，而是不断制造"被链接"的可能，而故事就是最佳的链接工具。所谓故事链，就是用故事制造品牌与用户之间的链接。

故事链的优势：①打破市场瓶颈，用故事来颠覆消费者的选择坐标系，推翻对手的游戏规则，创造更大的市场空间；②降低营销成本，用故事降低传播成本和沟通成本，让营销事半功倍；③形成流量复利，用故事让流量以内容的形态沉淀下来，不断累积长尾流量，最终实现流量的复利。

讨论力就是购买力

制造讨论力的三个维度：

- 公共议题，即把品牌营销嵌入社会公共议题。
- 制造冲突，即基于品牌自身、品牌和行业、品牌和社会常识、品牌和竞争对手等维度，制造冲突话题。
- 半成品思维，即半成品的营销思维，为消费者参与创造提供便利条件。

制造冲突的三个操作路径：

- 品牌自己跟自己的冲突。
- 品牌跟社会认知惯性的冲突。
- 品牌跟竞品的冲突。

赵宁

超过三十年品牌传播一线实战经验（乙方加创业，干一年顶三年）。服务客户包括贝壳、蜻蜓 FM、酒仙网、vivo、顺丰、全棉时代、科大讯飞、BOSS 直聘、壹基金等。主张"把广告打在不该打的地方"，制造了加多宝"对不起体"、《不想上班诗集》等案例。香港浸会大学传理学院文学硕士课程兼职讲师，UIC 文学硕士课程兼职讲师。

许多年之后，人们想起鸿星尔克突然翻红的那个夏天，仍然会觉得不可思议。

如果单纯把鸿星尔克当一个营销案例来剖析，那它究竟做对了什么？成百上千的企业为郑州灾区捐款，为什么是一个已经掉出主流消费视野很多年的品牌，成了最大的"赢家"？虽然用营销的"算法"去分析品牌在灾情期间的义举很招人讨厌，但毫无疑问，它是2021年度营销界躲不开的一个"非典型案例"。

2021年7月20日，河南遭受强降雨袭击，多地出现特大暴雨洪涝灾害。7月21日，鸿星尔克就通过微博官宣了捐5000万元物资的决定：鸿星尔克心系灾区，通过郑州慈善总会、壹基金紧急捐赠5000万元物资，驰援河南灾区，河南加油！

一条平平无奇的微博，跟其他品牌的捐赠微博内容并无二致。但在鸿星尔克的官方微博下面，很快就出现了"不正常"的评论：

感觉你都要倒闭了，还捐这么多？

一句简单的评论，构建起了一个非常具有冲突性的故事背景：倒闭也要做公益。可以说，后面鸿星尔克所有的刷屏，都起源于这句话的"冲突原力"。叶茂中的"冲突理论"不只可以用来挖掘产品卖点、做广告创意，公关传播用起来也很顺手。

"倒闭"的说法来自鸿星尔克的经营状况。公开财报显示，2020年鸿星尔克营收28亿元，亏损2.2亿元。这个数据很难看对不对？跟安踏 2020 年营收 355 亿元、毛利润 207 亿元的数据比一下，就更难看了。鸿星尔克赚的钱跳起来都摸不到安踏的脚后跟，但捐款数额却欲与安踏试比高。这就太过分了是不是？

一个自己失血过多随时可能休克的人，还要伸出胳膊给别人献血。鸿星尔克"舍命做公益"的故事一讲出来，消费者可就坐不住了。"为众人抱薪者，不可使其冻毙于风雪"。在一场连续 48 小时的抖音直播中，数百万级的消费者涌入直播间，据不完全统计，鸿星尔克 3 个抖音直播间卖出 1.3 亿多元，点赞量达 4.2 亿。意犹未尽的消费者从直播间转战线下实体店，开始对鸿星尔克施行"报复性消费"。

广告一分钱没投，单靠公关传播就让品牌亿元销售、起死回生，鸿星尔克制造了一个所有老板都想要的品牌逆袭案例。同样是捐款，安踏也捐了 5000 万元，小米也捐了 5000 万元，腾讯、字节跳动捐了 1 亿元，阿里还捐了 2 亿元，为什么别人没上热搜，鸿星尔克却成了全民野性消费的对象？很魔幻。

Dr.Mongolia 对此有一个解释模型："**产品力 × 讨论力 = 购买力**"。

过去做营销的人手里都有一块老行尊传下来的丹书铁券，即 4P 理论，产品（product）、价格（price）、渠道（place）、促销（promotion），所以过去"购买力 = 产品 × 价格 × 渠道 × 促销"。你能把大屏智能手机的价格杀到 1999 元，你线下有 20 万个销售网点，那你就有全国前几的绝对实力。但随着社交媒体、"种草"媒体日渐成为用户生活方式的重要构成，一个品牌能否登上热门、成为网红，能否被广泛讨论，就对销售的影响越来越大了。喜茶好喝固然重要，但若没有一杯茶排队两三个小时的"传说"，以及黄牛加价百元代购的"新闻"，人们或许也不会产生那么大的尝鲜兴趣。

不能在社交媒体"活着"的品牌，也很难在商业世界"活着"。作为一个成熟的品牌，我们可以假定鸿星尔克的 4P 没有什么问题，甚至可以推算它每一个维度的 P 相较 10 年前都有了长足的进步，但也根本无法阻止品牌下行的趋势，因为它这几年在社交媒体上消失了。这也是很多老品牌都会面临的新问题。

当年的李宁也是如此。"90 后李宁"品牌焕新失败后，李宁是如何逆天改命的？现在想起来都觉得不可思议：纽约时装周上走秀。西红柿鸡蛋撞色的"中国李宁"照片在网上疯传，有的人说土，有的人说潮，两派势力在网上吵得不可开交，品牌在社交媒体上的热度快速攀升。后来的故事，才是努力的李宁幸运地踩上了国潮新风口，"中国李宁"成为年轻人"民族文化自信"消费清单中的上榜品牌。

对于品牌而言，价格、渠道、促销这些基本面的变量的作用正在减弱，而能否在媒体上引起广泛讨论的能力，正成为新的"营销杠杆"。这次的捐款事件中，鸿星尔克的产品最被人称道的卖点是什么？是"耐穿""便宜"。鸿星尔克在大众的认知中，已经不是一线品牌了，但是在社交媒体的热搜撬动下，它却卖出了"超一流"的销售数据。

那么问题来了,既然讨论力是影响购买力的关键性变量,那如何制造讨论力呢?

人们在网上热议的内容,可简单分为几类。比如说奥运会,时事热点,办公室里的社交话题,你不知道全红婵给妈妈治病的事情你就没法跟喜欢的同事搭讪;北京沙尘暴了,本地用户的微信朋友圈疯狂刷屏,外地用户可能完全无感,这是相关性;《人民日报》旗下媒体评张文宏,究竟是要坚持"清零政策",还是"与新冠共存",这是冲突性话题,有争议,又与每个人密切相关。

基于热门话题的一般特征,我们有了另外一个公式:"讨论力 = 公共议题 × 制造冲突 × 半成品思维"。接下来,我们就从这三个维度来进行——拆解。

公共议题

十几年前社会化营销刚兴起的时候,我一度误以为社会化营销就是病毒视频、social(社交化)海报、谐音梗文案,后来发现不是。社会化营销绝不是有奖转发、时令节气热点海报,而是首先要让品牌深度参与到社会变迁的过程中,要从"创意思维"转变到"公共事件思维"。

有参与社会公共议题的意愿、敏感和能力,才是真正的社会化营销。

河南洪灾中,除了鸿星尔克,还有一个品牌也一夜爆红:白象。

白象的"红"源于一件小事：2021年7月20日晚郑州暴雨，大雨赶上了下班晚高峰，很多人被困在办公室或路上。白象总部办公室刚好有很多方便面和水，因此，员工就在微信朋友圈发救助动态：如果你刚好在附近，这里免费为你提供食物、水及休息区域。消息很快在网上疯传，不少被困在附近、与白象同一栋办公楼的人，都通过这条动态拿到了补给的食品和水。是一件小事吧？但这件小事上了当天晚上的央视新闻。

有句很肉麻的话：你把消费者的需求放在心上，消费者就会把你捧在手上。其实做营销策划的底层思维就应该是解决问题思维。管理大师德鲁克有一个对企业战略的经典描述：企业是社会的器官，企业的职能就是发现并解决社会尚未解决的问题。发现一个社会问题，为这一社会问题制定解决方案，就是企业的战略。

营销也是如此。品牌要想掀起广泛的社会关注和讨论，短期来看跟竞品冲突、跟"犯事儿"代言人解约，好像都可以，但这种流量来得快去得也快。长期来看，只有站在社会公共利益层面，"发现并解决社会尚未解决的问题"，才有可能通过产品或营销与消费者"同频共振"，形成深度、有效的讨论。

比如说，你是一个卖儿童药的，怎么宣传？讲"药材好，药才好"？讲"专门针对中国宝宝研发，更适合中国宝宝体质"？讲十片儿童药里七片是你家品牌，儿童药品类领导者？每一个维度似乎都是一个强有力的购买理由。但是，扪心自问，如果你是一个消费者，你看了这样的广告会不会转发？就算请了易烊千玺、王一博代言，你把这种广告分享到公司群里，同事会说感谢，还是脑海中闪过一句弹幕——有病?

二次分享是检验讨论力大小的非常直观的一个指标。如果你的广告里只有产品、价格、功效,只有品牌自己,那这些都是企业视角、卖货思维,"格局小了"。最终的结果就是二次传播上不去,只能加大投放费用,钱吃亏。同样的曝光量下,分享率越低,你所需要投入的媒介成本就越高。

我们来看一个用话题驱动媒介的案例。2016年,小葵花药业在中央电视台投放了一支公益广告。广告一经播出,《人民日报》、央视新闻、央视财经、新华社等超过百家权威媒体发声,国家卫生和计划生育委员会官方微博@健康中国等政府机构微博关注,前奥运冠军杜丽、刘璇等数十万妈妈接力转发。短短一周时间,广告在网上的播放量就超过了一亿。

一支广告为何能引起这么大的反响?在这支题为《5岁聋儿的无声诉说》的公益广告中,小葵花药业只字未提它的"产品"用料有多好、效果有多显著,只是找了个"妹妹头"的小姑娘,用手语磕磕绊绊地讲述自己"因为发烧用药不当,导致听力受损"的故事,镜头里的姑娘哭着向妈妈"道歉",看哭了无数镜头外的人。

真正让这支广告产生巨大共情力的,不是分众的"引爆主流",也不是"找工作我要跟老板谈"的洗脑,而是它所揭示的一个社会问题。在我国,有些缺乏科学育儿知识的大人习惯依据"小儿酌减"的经验,把成人用药减量来给患病的孩子吃。但是,大部分成人药品是不适合儿童服用的。儿童机体尚未发育成熟,组织和器官功能不完善，药物在儿童体内不能充分代谢，成人身上的轻微副作用，放在儿童身上可能就是毒性反应。我国每年约有 3 万名儿童因为用药不当导致耳聋，造成肝肾功能、神经系统等损伤的更是不计其数。

儿童用药安全知识的匮乏、儿童专用药物的稀缺，是一个严峻的"社会问题"，小葵花药业发现了这个问题，并致力于解决这个问题。它跳出了卖药的狭窄思路，站在了社会公共利益的角度，做市场教育和安全用药的科普：我不是要卖你药，我是邀请你来一起帮助成千上万的孩子摆脱"用药不当"的危害。

正是这种站在公共利益角度的格局，让小葵花药业的广告语"孩子不是你的缩小版，儿童要用儿童药"得以成为一句"公共符号"、一个育儿新识。媒体讲这个观点的时候不会担心被人戳脊梁骨说收了企业的"卢布"，消费者在转发儿童用药安全内容到微信朋友圈时，也不会介意是企业广告，他们更多想的是这些内容对有孩子的朋友"有用"。广告被二次分享的心理障碍被扫清了，分享的行为就被激活了。

需要特别指出的一点是，小葵花药业很好地利用了"央视"这个媒介平台在公众认知中的特殊意义。有很多其他的药企也在做儿童用药的科普教育，但是都没有这么大手笔地在央视投放广告，所以最终引发的社会关注就远没有小葵花药业这么大。央视广告有句广告语叫作"相信品牌的力量"，但其实有时候我们要"相信平台的力量"。

将产品诉求与公共议题结合，能让企业的广告内容借助公众传播，呈几何倍数扩散。B 站献给年轻一代的演讲《后浪》，五菱汽车喊出"人民需要什么，五菱就制造什么"，抖音请全国人民春节免费看贺岁片《囧妈》……每一个浮在媒体上的热议，其实都藏着巨大的公共议题的冰山。

以上是对社会公共议题"顺势而为"的一种正向用法。还有一些"大神"会"铤而走险"，逆向挑战公共议题。

二十世纪八九十年代，尼尔·法兰奇在新加坡工作期间，一个英国清洁公司想开拓新加坡市场，委托尼尔老先生创意一则广告。但跟大多数客户遇到的尴尬一样，这个品牌的预算也是"有限的"，怎么办？如何能避免客户的钱不声不响地花出去？尼尔老先生使出自己拿手的创意绝活儿：冒犯。他决定从新加坡这个国家最引以为傲的地方下手。

新加坡的城市建设有目共睹，被誉为"亚洲最干净城市"。尼尔老先生是怎么干的呢？他创意了一则广告，广告中宣称"新加坡并没有我们想象中的那么干净"，虽然街道干净得"可以直接把它当盘子用"，但这些只是"面子工程"，"巴黎的下水道、伦敦的码头，都比我们的要干净"。

广告一出，可想而知引起的轩然大波。新加坡国会都开始介入，尼尔差点儿被指控诽谤，被驱逐出境。刺激不刺激？但最终新加坡政府还是选择了解决问题，而不是解决提出问题的人，尼尔的清洁公司客户很快就接到了清理码头的超大订单。

跳出产品视角、卖货视角、企业视角，站在行业、群体、社会的角度重新审视你的营销动作、广告内容，是获取讨论力的第一步。

但需要提醒一点，要注意公共议题的"时效性"。比如，蒙牛在十多年前提倡"每天一斤奶，强壮中国人"。在当时的社会背景下，据说中国人均饮奶量远远低于美国、日本等发达国家，每日人均牛奶摄入量不到一个玻璃杯的杯底，甚至还比不上印度。基于当时的国情，"每天一斤奶，强壮中国人"的倡导就显得非常有必要，能体现一家公司的社会责任与担当。但这句话如果今天还继续使用，那显然就有点不合时宜了，营养不足的阶段过去了，家长们天天担心孩子"营养过剩"，你还到处宣传"一杯牛奶强壮一个民族"，就有点"拿爱国做营销"的嫌疑了。

制造冲突

品牌要想制造公共讨论，就需要将企业视角转化为公共视角。那么基于公共话题做创意，就一定能行吗？

鸿星尔克围绕公共议题做"营销"，给河南捐款并非首次。新疆棉花风波的时候，鸿星尔克也曾投过一波广告："棉花很软，中国很硬"。但当时并未引起太大的反响，估计很少有人知道鸿星尔克当时还为此买过新浪微博的开屏广告。为什么鸿星尔克早就经营困难了，力挺新疆棉花不火，捐赠5000万元物资反而就火了？

因为公众会认为，力挺新疆棉花是你一家服饰企业应该做的，是企业的一种"正常"行为，而负债2亿元捐赠5000万元物资看起来就"不正常"了。

我们在前文讲过,引爆鸿星尔克捐款事件的是一句"营销杠杆":感觉你都要倒闭了,还捐这么多?倒闭和捐赠 5000 万元物资,构建起了一个极具冲突性的故事框架。接受了这个框架的用户,再来看鸿星尔克的种种表现,就会不由自主地开启"疯狂刷好评滤镜"。比如老板大半夜骑共享单车去直播间,虽然被网友扒出来他有劳斯莱斯,但你也不会觉得共享单车是设计好的"作秀"。

倒闭和捐赠 5000 万元物资,这是鸿星尔克的第一层冲突,品牌自己和自己打起来了。一个品牌如果做出明显自相矛盾的"不正常"行为,那总会或多或少引起外界的关注。比如劲酒的广告,"劲酒虽好,可不要贪杯呦",卖酒的企业劝你"少喝酒"。比如 BOSS 直聘找《这就是街舞》选手苏恋雅拍了支广告,告诉你别跳槽,招聘网站劝你"别跳槽"。这些都是明显违背常理的行为,会天然地唤起消费者一探究竟的好奇心。

鸿星尔克的第二层冲突,是企业行为跟社会惯性认知之间的冲突。比如,别人家直播间的主播是三句话不离"OMG 买它",有消费者来下单喜笑颜开,而鸿星尔克面对乌泱泱涌进直播间的网友,愁眉苦脸,主播三句话里就有一句在郑重提醒消费者,有需要的时候再买,千万不要冲动消费!

如果非要说鸿星尔克的捐赠是"营销策划",那么我认为其中最精妙的设计,就是"拒绝消费者"这部分。一个企业拒绝消费者购买,这种反常的行为反而大大激发了消费者"不能让好人吃亏"

的保护欲。

再比如，在传统的认知模型里，与大灾大难相关的传播内容，一定要严肃，不苟言笑。但你看鸿星尔克出圈的内容是什么？

"虽然他家捐了 5000 万元，但是鞋子质量我还是要说一下，2012 年在他家买的鞋子，今年就穿坏了。"

"郑重声明：我在鸿星尔克买的鞋子，日后穿出去不好看，跟鸿星尔克没有任何关系，是我自己长得丑。"

…………

从微博评论，到直播间互动，没有一点正形。但恰恰是这种搞笑的风格，在抗灾期间成了"供给过剩"的灾情新闻包围下，为数不多的可以合情合理"娱乐"的内容。年轻的互联网用户比以往任何时候的大众都更倾向于用轻松的方式应对"苦难"。"消费者"有轻松内容的"消费需求"，鸿星尔克恰好成了解决方案。

第三层冲突方式，很多人都比较熟悉，就是品牌给自己找个"假想敌"。在这一点上鸿星尔克做得非常克制。虽然评论区有"阿迪、耐克在中国赚了这么多钱一到这种时候就隐身了"的煽动性言论，但鸿星尔克并没有利用"民族品牌和外资品牌在捐款上的数额对比"扩大用户购买，反而呼吁粉丝不要去围攻其他品牌。

我们来看一个浑身长满了攻击性的案例。2008 年汶川地震，有一个品牌"一捐成名"。在央视的赈灾晚会上，当时还在租用王老吉商标生产红罐凉茶的加多宝集团，宣布向灾区捐出 1 亿元，成为当时国内企业中的单笔最高捐款。

彼时，万科和王石正深陷"捐款门"的舆论旋涡。万科向灾区捐了 200 万元，有网友质疑万科"抠门儿"，时任万科董事长的王石发表了一通"理性言论"，"万科捐 200 万元是合适的"，并规定"普通员工限捐 10 元，不要让慈善成为负担"。销售额排名第一的房地产公司，2007 年销售额超过 523 亿元，净利润超过 48 亿元，你就捐 200 万元？一时间万科和王石被千夫所指。

在万科 200 万元的反衬下，王老吉的 1 亿元显然更符合公众对企业的预期，成了人人点赞的"捐款英雄"，但这才刚刚开始。很快，天涯论坛上就出现了一篇题为《让王老吉从中国的货架上消失！封杀它！》的帖子。什么？刚刚才为灾区捐了 1 亿元的良心品牌，为什么要封杀它？不解、震惊、意外、好奇，在不同心理驱使下的网友点开这个杀气腾腾的帖子，然后发现它居然是个"善意的标题党"：王老吉，你够狠！捐 1 个亿，胆敢是王石的××倍！为了整治这个嚣张的企业，买光超市的王老吉！上一罐买一罐！

短短几十字的主帖，够狠，果敢，嚣张，用一种正话反说的方式，不断唤醒公众情绪中对于王石和万科的"愤怒"，然后给消费者指明了褒奖王老吉的具体路径：不要光点赞，去用人民币投票，化愤怒为购买力，买光超市的王老吉！

跟帖中的内容也继续渲染"卖饮料的和卖房子的"的身份冲

突：一个小小的饮料企业并不像地产大亨那样有钱，1亿元，需要卖出多少罐饮料才能挣回来，那些促销人员站一天才能卖出去多少罐饮料？……我们不能让老实人吃亏！如果大家喝饮料，请买王老吉！要捐就捐1亿元，要喝就喝王老吉！

营销痕迹很重是不是？但在彼时那种"捐钱越多越英雄"的氛围下，这则充满了江湖气的"封杀帖"，大大激起了消费者心中最朴素的"惩恶扬善"心理，你把消费者放在心上，消费者就把你捧在手上，王老吉当年的销售额超过了100亿元。

万科和王石就是王老吉的"假想敌"。但是，王老吉虽然踩在万科的肩膀上成为"中国饮料第一罐"，可两个品牌并不存在直接的竞争关系，所以属于跨界"打劫"，这种关公战秦琼的冲突也只有在特定环境下才会发生。如果是两个直接的竞品，那就不挑时间地点了，随时都能"大战三百回合"。比如瑞幸VS星巴克，汉堡王VS麦当劳，小鹏汽车VS特斯拉，等等。

举凡品牌间大战的，媒体、公众的关注度和讨论度一定高。大家都喜欢看热闹。可以说，品牌之间的冲突是激发讨论力最好用、最便宜的套路。但是，这种互相喷的戏码多了，或是两个品牌的知名度本身就低，那撬动公众关注的概率也低，怎么办？

这个时候"创意"才能发挥作用。比如，反常的行为和文案表达。一个平平无奇的观点，用正话反说的方式重新写一遍，也许就是个有热搜潜质的话题，就能成为媒体传播中破圈的关键。

比如，员工吐槽老板仿佛是一件天经地义的事，媒体批判资本家压榨剩余劳动力仿佛也是政治正确的表达，但是突然有一天互联网大厂强制朝九晚五了，官方媒体都开始赞扬老板了，那这些内容一定能在社交媒体上疯传。"……如果你还能领到每个月的工资，请珍惜！因为他们默默扛下了所有！请努力，为自己，为公司创造价值！"疫情期间你有没有在微信朋友圈看到过这段鸡汤？它是真的也好，假的也罢，疯传背后的驱动力之一就是反常。

再来看一个案例。网易云音乐之前发过一篇祝酷狗音乐新年快乐的微博长文，题为《关于给酷狗音乐"山寨办"团队申请年终奖励的建议》。给竞品的团队申请年终奖，现代商业社会还有这种好人好事？当然不是。"年关将至，欢天喜地。值此同摸鱼、熬放假、等奖金之际，谨代表网易云音乐产品团队全体同人，为一直战斗在死盯网易云音乐新功能一线的酷狗音乐'山寨办'团队，向酷狗管理层申请特殊年终奖励，以示相惜。酷狗音乐'山寨办'成立以来，一直以将网易云音乐新功能酷狗化（简称'狗化'），为首要目标和工作方向。他们的这一举措，普及了创新、福泽了用户、提升了自我，值得为更多人知晓和称颂。"

有点阴阳怪气是不是？但放在"反抄袭"这个政治正确的大帽子下，就显得爱憎分明、言辞犀利、解气又可爱了。尤其是那个"狗化"，简直太"狗"了。转发它！什么？酷狗发声明说是被冤枉了？对不起！就算酷狗被冤枉了又关我什么事？我又不关心"绝对的真相"，我就是看到好玩的内容想转给朋友们一起高兴高兴。

所以要提醒大家，在一个"品牌对战"的舆论场中，一味地摆事实讲道理未必就能赢。就算道理上你辩赢了，但是在用户的朋友圈中你也可能是输的。

以上就是三个层面制造冲突的操作路径：品牌自己跟自己的冲突，品牌跟社会认知惯性的冲突，品牌跟竞品的冲突。制造冲突虽然能制造大量的讨论，但我们还是要牢记叶茂中老先生的教诲。

制造冲突的目的，对于消费者而言，不仅仅是吸引注意力，引发围观，也不是无端的挑衅大品牌，引发口水战。制造冲突的目的，一定是要为消费者创造更美好的产品体验，更人性化的解决方案。

制造冲突的目的是为消费者提供更好的体验，所以从品牌长远的美誉度考虑，比制造冲突更重要的，是要想好怎么为这个冲突收场。尤其是品牌跟竞品之间的冲突，处理不好就是泼妇打架，品牌双输。汉堡王习惯性地在营销中与麦当劳冲突，但是每年有一天，汉堡王会单方面宣布停战。为什么？每年11月10日，阿根廷的麦当劳都有一个"快乐儿童餐日"，每卖出一个巨无霸，麦当劳都会捐出2美元用来帮助治疗癌症儿童。每年的这一天，汉堡王就在全阿根廷的门店停售与巨无霸直接对标的经典皇堡，还会推荐你去隔壁买巨无霸。这场名为"一日无皇堡（A Day without Whopper）"的营销活动，让汉堡王在社会公益上的形象，甚至高过了麦当劳。

半成品思维

很多业内人士在提到鸿星尔克此次的逆袭时，都会提到一个词：运气。据说鸿星尔克老板都跟友人开玩笑，说他自己都不知道公司是怎么火起来的。

确实，鸿星尔克的案例完全不具备可复制性。现在给你 5000 万元，你能做到让数百万年轻用户涌进直播间、挤进线下门店，高喊着说"我要给你野性消费！"然后把库存的商品抢购一空、付了预付款也不要求发货，甚至明年发货也行吗？难！

但运气的背后，肯定还有品牌的自我努力。那鸿星尔克做对了什么？

要解释鸿星尔克的运气，就要先看到消费者行为模式的变化。在传统的叙事模式中，消费者都是一个被动接受的角色设定：企业我捐款了，企业我表态了，企业我加油了，我我我我，基本都是企业自说自话，消费者你只管坐着听拍手鼓掌叫好就行了。但是，麦克卢汉说过，媒介即信息，媒介会反向改造用户，"影响我们理解和思考的习惯"。这么多年随着论坛、博客、微博、微信朋友圈、直播等一波又一波的媒体改造，消费者早已习惯了从被动接受到主动介入，消费者养成了需要参与、需要表达、需要一起创造的行为模式。

光让消费者看到你企业捐了多少钱有社会责任是不够的，消费者需要躬身入局，一起参与到这个捐赠的行动中来。鸿星尔克后来又做过一次捐赠，给河南博物院捐了 100 万元用于灾后重建，也上了热搜。捐 5000 万元上热搜可以理解，捐 100 万元为什么也能上？因为在传出来的公关照上，赫然写着两行大字：鸿星尔克携全国网友捐赠 100 万元现金。每一个支持过鸿星尔克的网友，都被用这种方式圈进了一次公益行动中。"我买过鸿星尔克 = 我给河南博物院捐了钱"，那这新闻我不得转评赞一键三连？

早年玉树地震，远洋地产要给灾区的儿童捐一批棉马甲。按照常规操作，通过一个专业的公益组织或救援机构，把棉马甲送过去分发给有需要的人就好了。做了好事又想让人知道，大不了偷偷在媒体上发几篇软文夸夸自己，但是远洋地产没有这么做。

远洋地产联合新浪团购，发起了一次史无前例的爱心红马甲"公益团购"活动，一件棉马甲几十元，网友认捐一半，远洋地产补足剩下的一半，爱心网友和企业各出一份力，为灾区的儿童捐出一件红马甲。最终结果如何？远洋地产的实际支出没有增加，但是捐赠的马甲数量却翻了 1 倍，相当于受捐人数扩大了 1 倍。品牌传播上远洋地产也获益匪浅，因为创新型的"公益团购"模式，该项目在新浪首页获得了刊例价值数百万元的免费广告曝光，而且还打造了一个独一无二的"公益团购"案例。用户的参与，创造了一个多赢的局面。

从远洋地产的案例，你能看出鸿星尔克的"成功密码"吗？在灾情的传播环境中，绝大多数品牌都只想着自己表达，根本没有考虑到用户的"参与需求"。所以大多数品牌投放的都是"成品内容"，而且内容经过层层审核，四平八稳，毫无破绽，消费者只能看，无处"下嘴"。这种内容就是"别人家的东西"，跟我消费者没有关系，我凭什么要帮你转发？

鸿星尔克的内容呢？就是个"半成品"，它就像是把"内容生产线"搬进了直播间，每一个用户都可以上来蹬一脚缝纫机。在品牌跟消费者的互动中，大家一起创造了很多与抗灾相关的内容。这些内容就是我消费者自己的啊，为什么不转发呢？

比如微博会员，先是在鸿星尔克的微博下有评论，你一个舍得给灾区捐 5000 万元物资的企业，官方微博的会员都舍不得开？然后有网友直呼心疼，开始帮鸿星尔克官方微博付费充会员。你充一点，我充一点，最后充了多少呢？根据鸿星尔克发布的截图，官方微博会员的截止时间为 2140 年 4 月。网友给鸿星尔克微博的会员大约充值了 120 年。于是"网友给鸿星尔克官微充 120 年会员"上了一波热搜。这还没完，鸿星尔克发了一条微博感谢网友，表示"鸿星尔克立志成为百年品牌，不然对不起网友送的会员"。因为 120 年的会员资格所以要做百年品牌，"鸿星尔克立志成为百年品牌"又上了一波热搜。

企业和网友的几次三番互动，让鱼水情在品牌和消费者之间上演。

再比如《走进鸿星尔克的直播间，差点笑死在里面！》这种爆款文章，网上流传着各种各样的版本。鸿星尔克那些让人捧腹大笑的段子，怎么来的？相声界有一句传统俗语，叫"三分逗，七分捧"，所以这些基本都是靠网友的"捧哏"创造出来的。

主播说，别忘了领优惠券。网友评论，有没有那种优惠券，满500加100的？

主播说，谢谢大家，鞋子已经卖光了。网友评论，鞋盒子还有吗？上鞋盒链接！

主播说，这个真没有货了。网友评论，把吊牌寄来就行了，我自己缝一件。

主播说，我们老板说了，让大家理性消费。网友评论，李姓消费，姓李的朋友们快买！

吴老板自己在直播间劝大家理性消费，不要冲动。网友评论，大家不要听他的，他没有商业头脑！

…………

这些段子在互动过程中源源不断被生产出来，成为各路自媒体10万+文章的宝藏素材，指数级扩大了鸿星尔克在社交媒体上的讨论量。

更恐怖的是，这种"用户自造"的生产模式一旦启动，内容的创造就可以摆脱"生产车间"也就是鸿星尔克直播间或官方微博的限制。比如有人编出这样的段子：给孩子买了一双鸿星尔克，他说不好看，当时就不高兴了，准备再生一个。很有才是不是？先别着急点赞，马上你会发现还有这样的段子：给女朋友买了双鸿星尔克，她说不合脚要退，没关系，我可以换一个合脚的女朋友，退这辈子是都不可能退的。是不是一个模子"整容"出来的？无所谓。大家互相抄，但是大家都特别开心，而且越抄越开心。

因为大家的初衷都是好的，存了帮一把民族品牌的善意。

可想而知，这种大众自造的"生产方式"，其生产效率跟品牌自己创作内容相比，会提升多少倍。上一个受到这种待遇的，是海底捞。有的读者可能都知道一个案例：地球人已经无法阻挡海底捞了。你去吃火锅的时候抱怨了一句方案还没写完，走的时候服务员偷偷塞给你一个U盘说，"哥，方案帮你做好了"。你路过海底捞，马路对面有人打架，你就瞅了一眼，屁股下面马上就多了把椅子，手里多了盘西瓜，海底捞的小哥说，"姐，你先坐，我去帮你打听打听他们为啥打架"。这些段子的真假已经不重要了，重要的是它们让海底捞的服务深入人心。

消费者主动帮品牌创造内容，我们称之为"自来水"。品牌要想增强讨论力，"自来水"是一个必须"组建"的队伍。如何组建？品牌首先要有傻瓜心态，把自己当傻瓜，承认网友能做出比专业团队更受欢迎的传播内容，其次要设计一种能让消费者参与进来的"游戏机制"，比如说最简单的有奖征集。

统一汤达人请王俊凯代言，发布了一支未完成的广告，片中有大量后期还没做完的镜头。这是出街版本弄错了吗？不是。品牌方想邀请消费者化身"元气建造师"，在指定话题下发布自己的创意，一起完成"汤世界"的建造。最终网友的建议真能比得上专业的后期团队吗？不重要。不是只有最终确定的"成品"才是传播素材，"过程"本身也是传播素材的重要组成部分。

"半成品"的营销内容，会大大增加用户的分享欲望。行为经济学里有一个著名的"宜家效应"可用来解释这种现象：你自己亲手组装起来的半成品宜家家具，虽然放在自己家里远没有在宜家商场时那么好看，但你就是觉得它好。消费者对于自己投入劳动、情感而创造的物品，会下意识地高估它的价值。"半成品"营销内容也会带给消费者相似的感觉。

需要提醒的一点是，使用"半成品思维"做营销要有一定的容错心理，不要因为个别网友"恶搞"就跳脚。任正非老师说过一句话，要允许正面评价和负面评价同时存在，"水多了加面，面多了加水"。有点赞的，有踩的，这才是一个真实的品牌生存环境。

需要提醒的第二点是，我们虽然讲要有半成品思维，要承认高手在民间，但绝对不是"躺平"了，等着网友惊天地泣鬼神的创意从天而降。如果你的创意中预留了网友参与的部分，那就把网友的"对手戏"全部设计出来，万一真实的网友互动达不到预期的效果，你的气氛组就得上线。鸿星尔克微博下面的评论都是网友发的吗？我相信它们都是。但有人说过，真的吗？我不信。

从创意思维到公共话题思维，把品牌营销嵌入社会公共议题，基于品牌自身、品牌和行业、品牌和社会常识、品牌和竞品等不同维度，制造冲突话题，以半成品的营销思维，为消费者参与创作提供便利条件，以上就是我们关于如何制造讨论力的三个维度的阐释。

最后再啰唆两句话：

第一，讨论力是一种营销的底层思维模式。

一个营销动作的投入，必然要产生可量化的效果，才好向甲方或老板交差。在千人千面、个性化推送、精准营销等概念正在成为营销主流的当下，"讨论力"确实像是个裹着缠脚布的过时玩法。讨论力没法像巨量引擎广点通一样精准地算出一个 ROI（广告投放投入产出比），它也并不能取代效果广告，但它是一种做营销的底层思维模式。

小米最近的几次发布会，每次都能刷屏（至少在我的微信朋友圈是如此），其他品牌为什么就不行？因为雷军不是上来就讲产品跑分、极致性价比，而是先讲股价破发被投资人堵在办公室里当小学生教训一个多小时的段子，讲美国制裁小米因为老板叫雷军所以认为小米"涉军"的乌龙，给第一批购买小米手机的米粉每人返还 1999 元无门槛红包，甚至连"最好的投资就是投资自己"这种鸡汤金句都给你做成微信朋友圈海报供你一键转发。如果我们脸皮厚一点儿，那这些都是讨论力思维啊！小米发布会的每一个动作都是为用户的"自传播"设计，而不是为了"花钱买流量"设计。且不论有多少人会被小米这些情怀、故事感动下单，这些话题在被传播的过程中，会很自然地带到"小米又发新手机"的信息，对于刚好有换手机需求的用户而言，是不是就比别的手机品牌多了一个沟通的链接？

做营销不能总是站在消费者视角，还得站在老板视角通盘考虑。

网上关于小米发布会的信息铺天盖地，经销商的信心是不是就足了？对于亏损 2.2 亿元的鸿星尔克来说，消费者一时间的野性消费是没法从根本上缓解困局的，但你是网红民族品牌了，银行到期的贷款是不是就能续贷了？各种合作谈起来是不是也容易了？这些可能比多卖一件滞销品更能救鸿星尔克的命。

一个项目做完，有显性的效果，也有隐性的效果。下次再对讨论力有疑虑，不妨站在老板的角度再想想。

第二，讨论力要有清晰的目标导向。

讨论力虽然不能事先测算清晰的 ROI，但还是要设定明确的营销目标，要梳理清楚销售转化变现的路径。不能为了制造热门而制造热门，或者"门"是热了，可消费者却根本不知道是哪个品牌热的"门"。

比如，几年前有一个现象级的案例，4 小时逃离北上广，从早上 8 点钟开始计时，12 点钟前你能到机场，就送你一张机票，马上让你去一个未知但美好的目的地。活动成功了吗？相当成功，各种刷屏。然后呢？你还能记起广告主是谁吗？新世相？国航？携程？泰国国家旅游局？都不是。是美即面膜，它的广告语是"停下来，享受美丽"，所以要"逃离北上广"，要给忙碌的生活画个逗号。

你看，那个"热门"火了，背后的品牌却还是浑身冰冰凉。这就是做讨论力创意之初，目标都没有设定清楚的后果。如果你读到这里还没发现上面表述有误的话，那你更应该将这个知识点重点标记下。因为"逃离北上广"的广告主根本不是美即面膜，是航班管家。

美国公关之父爱德华·伯奈斯对此有一个总结：基于公众既有认知，制造新闻事件，事件引发媒体的广泛报道，报道带来社会公众的热议，而热议则会造成大众"恰巧"对他所要推销的产品产生一种需求。

在帮宝洁推广象牙牌香皂时，常规的手段都用到了，比如请女演员拍洗澡的广告，通过中国家庭服务业协会向用户推荐并赠送试用，等等。后来伯奈斯设计了一个"全国香皂雕刻大赛"，让用户参与，用香皂来雕刻创作。据说每年的比赛都会吸引数千名参赛者，上百万块香皂被使用。好的作品自然成为象牙牌香皂的"广告"，刻坏的香皂呢？象牙牌香皂借助比赛的名义，给学生发传单，传单中有如下建议："使用剩下的香皂来洗手、洗脸和洗澡。只要每天洗澡一次，你将会爱上象牙牌香皂带给你的干净感觉。"既表达了不浪费的理念，又营销于无形对消费者做了消费场景教育。目标和路径，都给你设计得明明白白。

以上，希望对你有用。

不同于特劳特的观点

中小微定位二十一步

财务诊断七看法：

- 看团队、看报表、看成本、看排名、看价值、看理念、看胜算。

战略诊断七找法：

- 找情报、找品类、找定位、找证据、找名字、找口号、找符号。

经营诊断七定法：

- 定目标、定爆款、定源点、定配称、定拓客、定传播、定日课。

张大旗

张大旗战略定位咨询创始人，文案入行，代表作：TCL无绳电话机、东阿阿胶元浆、黄鹤楼1916淡雅香烟。出版书籍：《出卖天机》《玩语言》《张大旗语言点化》。

唐军师

笔名唐堂，张大旗战略定位咨询创始合伙人，唐军师中小微定位培训董事长，设计入行，从业20年，原采纳咨询华中区首席战略咨询师。代表作：希箭大冲力智能马桶、香他她煲仔饭、睡眠先生、盛和利他阿米巴。出版书籍：《开练：潜意识营销才是超级营销》《职场秘训记》。

专注"中小微",推动定位理论再发展。不同于特劳特"以品牌为中心,以心智为基础,以竞争为导向"的观点,我们深信企业经营,利他是因,竞争是果!应当"以品牌为中心,以心智为基础,以利他为导向"。与特劳特的区别在于三点——重视利他、重视财务、重视体系,并提出财务诊断七看法、战略诊断七找法、经营诊断七定法,共二十一步,适合中小微企业实践。

惭愧,本人才疏学浅,且没有突出成就,在定位圈的各位前辈面前,是没资格提"不同"观点的,但我的恩师张大旗曾反复告诫:"著书就是为了立说,如不能立说,就不要著书,鹦鹉学舌,浪费笔墨,大可不必。"

于是,本着实事求是、真实客观的态度,我鼓足勇气,想谈一谈自己在中小微企业实践定位的感悟,谈一谈不同于特劳特的观点,不粉、不黑、不主观,基于理论、实践、观点展开交流,希望定位"铁粉"或"黑粉",都能有所获益。身处陋室,二两老酒下肚,硬着头皮,草就本文,当是抛砖,期待引玉。

作为一名痴迷中小微企业定位学习与实践 20 年的笨学生,我是爱定位的,不是反定位的,我是想推动定位的,不是想否定定位的,下文,如有冒昧、如有疏漏,恭请海涵。

《定位》三强三弱

众所周知,营销好,百病消!营销不好,百病生!营销,治百病！因此，做企业必学营销，学营销必学定位！近年来，营销圈对定位理论有各种争论，如过时论、有毒论、万能论等，不论如何，定位理论在营销圈是一个绕不开的话题。

开门见山，《定位》理论，我们认同的核心原则共有三条：

（1）以品牌为中心。
（2）以心智为基础。
（3）以战术为推动。

杰克·特劳特与艾·里斯两位先哲，1981年出版了《定位》一书，提出营销竞争的终极战场不是工厂，不是市场，而是心智。心智决定市场，也决定营销成败。1986年出版了《商战》一书，提出防御战、进攻战、侧翼战、游击战四种战略，被全球商学院广泛采用。1996年又出版了《聚焦》一书，提出太阳的能量是激光的数十万倍，但由于分散，无法穿透人的皮肤，激光则通过聚焦获得能量，轻松切割坚硬的钻石和钢铁。

21世纪，里斯中国张云等人出版了《品类战略》一书，提出品类是商业界的物种，是隐藏在品牌背后的关键力量，潜在顾客和消费者往往"以品类来思考，以品牌来表达"，分化诞生新品类，进化提升品牌竞争力。

张大旗老师常说，如果只看一本营销书籍，首选《定位》。定位是争夺用户心智的战争，超过75%的财富500强企业，采用战略定位咨询服务。2001 年，美国营销学会评选"定位"为有史以来对美国营销影响最大的观念；2009 年，美国《广告时代》杂志评选《定位》为"史上最佳营销经典"第一。企业经营的本质是获得顾客，获胜要诀是赢得心智之战。

客观来看，《定位》有三强，亦有三弱：

（1）强在竞争，弱在利他。
（2）强在业务，弱在财务。
（3）强在认知，弱在体系。

《定位》与时俱进要考虑四大差异

特劳特"以品牌为中心，以心智为基础"，我们深表认同，但以"竞争"为导向，我们是有不同观点的。如马列主义之于中国，实践后产生毛泽东思想，《定位》理论也需中国化，《定位》理论也需与时俱进，那就要考虑以下四大差异：

（1）文化差异：美国讲竞争，中国讲利他。
（2）市场差异：美国竞争充分，中国竞争半充分。
（3）时代差异：定位诞生于产品时代，市场已进入用户时代。
（4）大小差异：定位以大企业为主，市场以中小微企业为主。

任何理论都有其边界，任何理论都需要不断去更新它、完善它、推动它，基于《定位》理论三强三弱、四大差异的事实，在张大旗老师[1]的指导下，我们提出了《不同于特劳特的观点：中小微定位二十一步》，供各位学友参考。

不同于特劳特的观点

除了恩师张大旗，我最为尊敬的人就是邓德隆先生了，且邓德隆代师传艺，于我有恩，诸多指点，常让我醍醐灌顶，收获满满。以下不同观点，并未详细汇报，班门弄斧，期待批评。

强调利他

定位的底层逻辑是"以品牌为中心，以心智为基础，以竞争为导向"，在此基础上，迈克尔·波特教授出版了代表作《竞争论》，并开创了战略定位之竞争学派。

邓德隆与火华强两位先生译《定位》经典版，勒口处写道：本书提出了被称为"有史以来对美国营销影响最大的观念"定位，改变了人类对"满足需求"的旧有营销的认识，开创了"胜出竞争"的营销之道。本书阐述"定位"观念的产生，剖析"满足需求"无法赢得用户的原因，给出如何进入顾客心智以赢得选择的定位之道。

前言部分写道，定位并非要改变产品，而是要调整潜在顾客的心智。实际上，定位确实会涉及产品改变，但就名字、价格和包

---

[1] 张大旗是特劳特全球总裁邓德隆两大授业恩师之一，是中国战略定位理论的启蒙者与奠基人，有中国战略定位第一人邓德隆亲笔签名为证。张大旗广告工作室成立于1992年，后更名为张大旗战略定位咨询，至今29年，旗下品牌唐军师专注中小微企业定位培训。

装所做出的改变，其实不能算是对产品的改变，那些实际上是为了在潜在顾客的心智中确保一个有价值的位置而做出的表面改变。

书中还写道：事实无关紧要，重要的是人们心智中已有的认知。定位思维的精髓在于，把认知当作现实来接受，然后重构这些认知，以在顾客心智中建立你想要的"定位"。

上述三大内容，学界颇有争议，我们的看法如下：

（1）需求与竞争：有需求才有竞争，无需求则无竞争。
（2）产品与心智：脱离产品谈心智，则品牌难以长期占领心智。
（3）认知与事实：没有认知，事实不存在，没有事实，认知不长久。

不论是需求与竞争、产品与心智，还是认知与事实，不同的"根本点"在于东西方文化的差异，在于"竞争与利他"思维的对立！缺乏，是人何为正确的指针！

西方行霸道，讲竞争；东方行王道，讲利他。在实践战略定位诊断与咨询时，我们认为"以品牌为中心，以心智为基础，以利他为导向"，或许更适合中国文化，更适合数字时代，更适合中小微企业。

理由如下：利他是因，竞争是果！这是全文最重要的一句话，请大家在心中默念三遍！利他是因，竞争是果！利他是因，竞争是果！利他是因，竞争是果！

利他和竞争，是一体两面，是殊途同归，但因为"起心动念"的不同，最终的结果，往往也是天地之别。过度强调"竞争"，忽视"需求"、忽视"利他"，必会误入歧途。自古以来，国虽大，好战必亡。

经定位界前辈夏毅先生提议，我们加入盛和塾学习多年，稻盛和夫先生提出的"成功方程式"，即"工作的结果 = 思维方式 × 热情 × 能力"，给了我极大的启发与触动。这些年，我们一直在思考，为什么稻盛先生反复强调"提升心性、拓展经营"，而不是"拓展经营、提升心性"呢？

灵魂之友，《心：稻盛和夫一生的嘱托》的译者曹寓刚老师为我答疑解惑——提升心性是因，拓展经营是果，因果不能颠倒。物有本末，事有终始，知所先后，则近道矣。做企业，必须心怀善念，必须以利他之心指引企业经营，必须以利他之心指引战略定位，反之，能力越强、危害越大，德不配位，必有灾殃。

针对"利他与竞争"的话题，我们往往能在电话里畅聊一个多小时，有时一天通话两三次，曹寓刚老师一再强调，"战略定位 + 稻盛哲学"，西体中用，东西结合，内外双打，才是未来。说到激动处，他在《心》一书的封面上为我寄语：先定心！后定位！定心定位定天下！

深信利他哲学，穷则独善其身，达者兼济天下。利他是因，竞争是果，我们深信，这是企业经营的第一原则，是中小微企业战略定位的第一原则，也是赢得团队认同、客户支持、对手尊敬的第一原则。我们认为，利他文化具有普适价值观，会随着中国的崛起而被世人接受。在此，必须旗帜鲜明地指出。

强调财务

邓德隆先生在《定位》"序一"中写道，企业最有价值的资源固然不再是土地与资本资源，甚至也不是人力资源、知识资源，这些组织内部资源没有消失，但其决定性的地位都要让位于组织外部的心智资源（占据一个定位）。

衡量企业经营决定性绩效的方式也从传统的财务盈利与否，转为占有心智资源（定位）与否。这也解释了为何互联网企业即使不盈利也能不断获得大笔投资，因为占有心智资源（定位）本身就是最大的成果。历史上，新生产工具的诞生，同时会引起新生产方式的产生，这种直取心智资源（定位）而不顾盈利的生产方式，是由新的生产工具带来的。这不只发生在互联网高科技行业，实践证明传统行业也完全适用。

对此，我们有不同看法：认知重不重要，重要！心智资源重不重要，重要！财务重不重要，更重要！中小微企业在创业初期，活下去比什么都重要！

经营企业，在亏损的情况下获得投资的概率有多少？《南方日报》报道，2016 年，广东全年实现地区生产总值 79512.05 亿元，GDP 总量连续 28 年位居全国第一，广东中小企业数量超过 700 万家，占全省企业总规模的 95% 左右，2015 年全省以中小企业为主的民营企业实现增加值超过 3.9 万亿元，占 GDP 的 53.4%，中小企业从业人员占全社会从业人员的 50% 以上，上缴税收占全省的 47.3%，这还不包括众多的微型个体户。

2016 年，我们创办的睡眠先生互联网科技有限公司（原广东美觉），在广东省 700 万家企业中，获得了全省知识产权创新创业大赛十强，而这十强项目当中，获得战略投资的不足 7 家。那么，在亏损的前提下，700 万家企业中能获得战略投资的企业又有多少呢？大家想想看！

《商战》一书中写道：总的原则是，每 100 家企业里，只有 1 家应该打防御战，2 家打进攻战，3 家打侧翼战，剩下的 94 家都应打游击战。所以，在绝大多数情况下，大企业的那一套并不适合中小微企业，中小微企业前期只能采用游击战术，打得赢就打，打不赢就跑，你打你的，我打我的，各打各的。不正面竞争、不正面冲突、能拓客、能赚钱、能存钱、能值钱，才是硬道理！可惜，整个"定位"系列 20 多本著作，却没有一本专注讲中小微企业。

我们的实践证明，中小微企业死亡绝大多数情况只有一个原因——资金断裂，反言之，只要资金充足，企业就能活下去。这才是中小微企业经营的第一性原理，也恰是众多中小微企业最易忽视的创业要点。

因此，中小微企业战略规划最重要的不单是"业务"，而是"业财"融合！这一堂课，中小微企业必须补上！

《孙子兵法》第一篇是《始计篇》，这个"计"，不是"计谋"的"计"，而是"计算"的"计"，指的是从"道、天、地、将、法"5个方面来进行敌我双方的计算，来确定战争的"胜"算。我们把《孙子兵法》的观点，称为战略会计学，它能让战略定位更精准、更有效。

在学习定位理论的过程中，我发现定位圈精通"财务"知识的咨询师，屈指可数，甚至连企业最基本的"资产负债表、现金流量表、损益表"都不会看，"量本利、账表税、阿米巴、预算制、成本管理"一窍不通，连蒙带猜，做咨询完全靠经验和感觉，这是造成"定位一听就懂，一用就错"的主因之一。

由此可见，战略规划最重要的是"业务＋财务"的融合，我们在实践中发现，将稻盛先生的阿米巴、会计七原则与战略定位相结合，即可实现"内外"兼修，快速提升经营成果。因此，我们的观点是——强调财务、业务融合。

强调体系

定位界曾流传一句话，运用之妙，存乎一心。我在与定位界的前辈耿一诚老师交流时，他说道，定位理论之所以饱受争议，是因为有观念，没体系，不是一套行之有效的操作系统，它至少存在"三没有"：

（1）没有清单。

（2）没有流程。

（3）没有标准。

青青陵上柏，磊磊涧中石。人生天地间，忽如远行客。人生苦短，总想为社会、为国家、为世界做点事情，哪怕只是一件小事，也就不枉此生了。

我们花费了4年多的时间，经过和张大旗老师反复研究、探讨、不断实践、总结，向《升级定位》作者冯卫东、成美梁山、火种盘子、灰洞侯德夫、万桥程放、人大许玉春等老师不断请教，并反复交流，我们创造了战略定位"二十一步"操作体系。虽并不完美，但绝对有效。

创作此法的目的，并不是否定定位理论，更不是非得另立一说，而是从"不同"角度来推动定位理论在中国的实践与发展。期待圈内前辈多多批评、多多鞭策、多多指导，更期待共创共享共发展。

中小微定位二十一步

中小微定位二十一步是一套有别于传统战略定位的操作体系，包含财务诊断、战略诊断、经营诊断，"诊"是明确战略定位要点，"断"是判断和落实战略定位要点。

熟读二十一步，你将得到三大好处：

（1）财务诊断：通过七看法，帮你预判品牌胜算。
（2）战略诊断：通过七找法，帮你找到精准定位。
（3）经营诊断：通过七定法，帮你做出经营结果。

选择希箭卫浴（下文简称希箭）做剖析案例，并不是因为它销售最大、最强，增长最快，而是因为它比较适合中小微企业参考，具有普遍代表性。（本案例发生于 2019 年，竞争环境已有变化，如京东"累评数"已不是全国第一，希箭已采用其他信任状，出于职业操守，我们不能公开最新的战略计划。）

中小微定位二十一步清单

财务诊断		你需要加强的是
1. 看团队	经验值、领导人、收益率、稳定性、股权结构、团队文化六个维度	
2. 看报表	导入报表，分析报表，改进报表	
3. 看成本	解决三高：高固定费、高变动费率、高盈亏点销售额	
4. 看排名	通过本量利分析，看企业是肌肉型、肥肉型，还是肿瘤型企业	
5. 看价值	战略三要素，"OK 手势 = 优势 × 趋势 × 利他"	
6. 看理念	梳理企业使命、愿景、价值观	
7. 看胜算	胜算的关键是兵力，兵力的关键是大决战的位置与时机	
战略诊断		你需要加强的是
1. 找情报	找情报五要素：公开情报、渠道情报、一线情报、专家情报、试错情报	
2. 找品类	强势品类十大指标	
3. 找定位	抢先定位、关联定位、重新定位	
4. 找证据	自证、他证、第三方证明	
5. 找名字	"五易、四避、三有"命名法	
6. 找口号	广告语满足"一定、二语、三场景"	
7. 找符号	传定位、看得懂、想得起、说得出、画得像	

续表

经营诊断		你需要加强的是
1. 定目标	导入"百日大作战"	
2. 定爆款	确定战略大单品	
3. 定源点	"127法则"与"1990法则"	
4. 定配称	定位指导4P，获得新媒体、新渠道首推资源	
5. 定拓客	触达—成交—裂变	
6. 定传播	跟谁说、说什么、在哪里说、怎么说	
7. 定日课	导入"六项精进"	

注：清单中是"二十一步"的全部内容，但希箭案例的具体实践中并没有全部涉及，故只展开分析了涉及的步骤。为了方便读者前后对应，后文序号的标注仍与表格保持一致。

财务诊断

1. 看团队

主要是经验值、领导人、收益率、稳定性、股权结构、团队文化六个维度。

战略是人定的，产品是人定的，价格是人定的，渠道是人定的，推广是人定的，广告、公关、设计等工作也都是人定的，那么，"人"自然就成了"七看"的第一要素。

（1）经验值。希箭董事长谢总从事家电业超过10年，曾任国内某大型家电行业线上事业部负责人，副董事长唐总从事家电业超过10年，研习稻盛哲学5年。

（2）股权结构。2017年股东5人，组织变革、采用阿米巴管理体系，并精细单位核算。2018年股东6人。2019年股东11人，组织变革、采用轮值CEO制度，项目制。

（3）团队文化。公司要求全员诵背稻盛哲学"六项精进"，让员工自己定岗定薪，让所有员工分享创业成果，让所有员工物质和精神双幸福是公司最大的愿景，一群人一条心一件事是希箭永恒不变的信念。

外行胜过内行，新手打赢老手，这样的事情有没有？有！是不是常态？不是！大多数的成功者，都是在一个行业、一个领域，摸爬滚打数十年，用水滴石穿、绳锯木断的精神，最终"剩"者为王。乾坤未定，中小微企业皆可为黑马。

2. 看报表

导入报表，分析报表，改进报表。从报表来看企业，资产负债表如骨骼，看的是实力。损益表如肌肉，看的是能力。现金流表如血液，看的是活力。

数据即证据，数据即依据。没有数据，就没有发言权，战略定位诊断与咨询就无从说起。以下是2019年10月左右希箭的基本数据。（数据已脱敏，仅供参考）

（1）行业数据。2017年中国智能坐便器，包括分体和一体智能坐便器，产量约500万个，同比2016年的460万个增长了8.7%。整个卫浴行业市场3000亿元，6000个品牌，前10名总销量仅

400 亿元，市场份额不到 15%。2019 年"双十一"各类目销售详情显示，智能马桶交易金额为 3.715 亿元，浴室柜交易金额为 4.659 亿元，电子门锁交易金额为 2.990 亿元，智能马桶增速明显。

（2）企业数据。希箭 2011 年初创，2014 年希箭旗舰店周年店庆，花洒销量突破 10 万件。

4. 看排名

通过本量利分析，看企业是肌肉型、肥肉型，还是肿瘤型企业。内部排名：通过单 SKU 强制排名，独立核算，根据每个 SKU 做价值投入。外部排名：找差异，找机会。

（1）经营本质。销售最大化，费用最小化，时间最短化，通过"三化"经营，实现高收益，打造肌肉型企业。

（2）单 SKU 强制排名。在战略定位诊断与咨询过程中，一份完整的 SKU 强制排名往往需要大量财务人员的参与，过亿的企业，一般需要 7~14 天才能整理出来。每个企业的财务水平不同，所花费的时间也不尽相同，但这份排名非常关键，往往是内部调研的牛鼻子、蛇七寸。经营者与营销人，一定要高度重视！

通过单 SKU 强制排名，可选出企业的战略大单品。建议采用专家访谈的方式来做调研，通过与甲方高管交流，来测算公司"销售量、利润率"最高的品类是哪一个？在这个品类当中，排第一名的单 SKU 又是哪一个？这样，我们就可以"自下而上"大体推算出企业的长处及战略大单品。

（3）外部排名。内部排名是找到企业最强的战略大单品，而外部排名则是通过第三方平台，例如京东、天猫、苏宁、美团、饿了么等，来找出最具竞争力的单 SKU，为进一步的战略决策提供数据支撑。

希箭在全行业排在前 15 名，智能马桶在京东平台累评数排名第一。

5. 看价值

战略三要素，优势、趋势、利他。战略就是数一数二，战略就是一米宽，一万米深。

基于迈克尔·波特教授的"五力模型三竞争"原理，我们总结了一个"OK 手势"，可以让大家形象地掌握战略价值三要素。

（1）中指：代表优势。大家做一个"OK"的手势，五根手指当中最长的是中指，这就代表任何时候，一定要用己所长，用人所长，一定要搞清自己的优势兵力在哪里。

那希箭的中指是什么？显而易见，是智能马桶，因为 2019 年希箭智能马桶连续 4 年京东累评数第一，达到 1.7 万条，比第二名高出 0.3 万条！

（2）无名指：代表趋势。结婚戒指一般都戴在无名指上，这意味着无名指代表的是最重要的人和事，代表的是未来的趋势。当时，摆在希箭面前的路有三条，第一是浴室柜，销量最大、利润最大，且有自己的工厂；第二是智能马桶，趋势更大、优势更强；第三是智能门锁，利润更高、发展更快。

究竟是聚焦浴室柜，还是智能马桶，还是智能锁，让人难以选择。如果仅仅从企业内部来思考的话，谁也说服不了谁，唯一的办法就是由外及内地思考。

2016年中国智能马桶的普及率为0.96%，预计到2020年，普及率将达到2.29%。其中，普及率最高的城市为上海，2016年普及率约为8.4%，其次是北京，普及率约为5.3%，这与日本的78%、韩国的55%相比，还有巨大的增长空间。

（3）小指：代表利他。刚接触希箭，我们就觉得它在智能马桶方面应当是具有战略机遇的，一是已连续4年京东累评数第一，二是智能马桶具有极大的增量市场。

那么，希箭智能马桶的独特价值是什么呢？当时，我们看到的仅仅是性价比，或者说高颜值，低价格，品质保障。事实上，这样的性价比是不具备心智护城河与技术护城河的。究竟怎么办？我们暂时按下不表，战略定位部分，再作详细说明。

7. 看胜算

公元前512年，《孙子兵法》首次提出"战略会计学"思维，五事七计计胜算，道、天、地、将、法，这些战略的核心在于，知战地，知战时，千里可会战。胜于易胜，在于四打，以强打弱，以多打少，赢了再打，最好不打。万变不离其宗，战略的关键是胜算，胜算的关键是兵力，兵力的关键是大决战的位置与时机。

看胜算的核心，就是把前面"六看"，做系统的整理与分析，然后判断企业究竟做哪个品类有机会，品类下面的哪个品牌有机会，品牌下面的哪个单 SKU 机会更大？由此，找到一个点，聚焦一个点，打穿打透一个点！

以希箭为例，我们通过前期专家访谈，基本判断公司的核心竞争力在线上，在京东，在智能马桶，在高颜值和超低价格，但我们同时也发现，采取这样的低价策略，虽然短时间可获得流量与销量，但长远来看缺乏足够的护城河，其机会点在于能否开创智能马桶的新品类。

实践证明，游击战术往往是中小微企业第一阶段的最佳战略，发现并主导一个"新品类"，往往是中小微企业第二阶段的最佳战略。

财务诊断小结

实践中小微企业定位咨询与培训的过程中，我发现战略咨询的未来一定是"业财融合"，一个合格的战略咨询师，必须懂些基本的会计学常识及数据分析技术，这样诊断与咨询才能"有理有据更精准"。

打个简单的比方，懂会计学的咨询师往往会在"开处方"之前，如医生一般望闻问切，并借助科学仪器进行检测，如验个血常规，拍个胸片，做个彩超，做个核磁共振等，有了准确的数据后，才能做诊断和治疗。

财务诊断从看团队、看报表、看成本、看排名、看价值、看理念、看胜算七个方面作了简单的解读。

（1）看团队：主要是经验值、领导人、收益率、稳定性、股权结构、团队文化六个维度。

（2）看报表：通过资产负债表了解企业实力，通过损益表了解企业能力，通过现金流表了解企业活力。

（3）看成本：这其实是最没有技术含量的事情，但它往往能够让企业立于不败之地，成本领先往往是企业核心竞争力。

（4）看排名：分内外两个部分，通过内部单SKU排名了解企业单品盈利情况，通过精细化运营来确认投入情况，通过外部单SKU排名，了解大单品的竞争力。

（5）看价值：用到了"OK手势"，中指代表优势，无名指代表趋势，小指代表利他。

（6）看理念：数据是死的，人是活的，千万不要忽视组织的力量，哲学的力量。中大型集团企业，最重要的理念，是使命、愿景、价值观。但对于中小微企业来说，需要先找一群人，做对一件事，然后在市场打拼的过程中逐渐梳理企业理念。

（7）看胜算：通过以上"六看"，可以初步得出一家公司、一个品牌究竟有几成胜算，究竟在哪些方面存在不足，需要调整。[①]

战略诊断

战略诊断提出的是七找法，之所以用"找"字诀，是因为情报本来就在那里，品类本来就在那里，定位本来就在那里，证据本来就在那里，名字本来就在那里，口号本来就在那里，符号本来就在那里。它不是"想"出来的，而是"找"出来的。这也是战略规划的核心思想——由外及内，自下而上，重在发现，不在发明。

何谓战略？《韦氏词典》将战略定义为：规划、指挥大型军事行动的科学，在和敌军正式交锋前，调动军队进入最具优势的位置。

1996年，杰克·特劳特在《什么是战略》一书中，强调战略就是去创建一个价值独特的定位。1998年，迈克尔·波特在《竞争论》一书中承认，战略思想的真正动力来自定位。

2006年，亨利·明茨伯格在《战略历程》一书中提及十大战略思想流派，其中前三大流派都提到了战略定位的重要性。战略定位是指企业在顾客心智中建立差异化定位，并由此来引领企业内部的运营。简单说，就是"战略 = 定位 +4P"。

---

① 财务诊断涉及的"七看"知识，部分内容来自管理会计师知识，部分内容来自盛和塾的"会计七原则"及"经营十二条"，在此表示感谢。

1. 找情报

商场如战场，商战的关键是兵力，而决定兵力的关键是情报！找情报有五要素：公开情报，渠道情报，一线情报，专家情报，试错情报。

（1）公开情报。前文提及，2016年，中国智能马桶的普及率为0.96%，与日本的78%、韩国的55%相比，未来还有很大的市场空间。随着人口老龄化加剧、消费结构升级和城镇化改造的持续推进，国内智能马桶产业将迎来数量级增长。

（2）渠道情报。2017年，中国智能马桶市场销量345万个，同比2016年的300万个增长了15%。2018年的销售量（线上、线下）为700万~800万台，规模在400亿元左右。主流一体式智能马桶的销售价格区间多为每个1900~7090元，主流分体式智能马桶的价格区间多为每个610~2740元。

（3）一线情报。我们出差广州、佛山、无锡、西安等地，走访了20多家卫浴卖场综合体，访谈了王牌销售200多名，主持了5场省级招商会议，分析了真实消费者购买信息6万多条。

（5）试错情报。试错分为两种方式：一是内部试错；二是外部试错。

2. 找品类

这部分是二十一步的关键点，也是本篇内容的核心重点，大家要高度重视。

品类错、定位错，一切错！2021年6月11日，受株洲市工信局邀请，我们前往中国工业重镇株洲讲课，主题是"品牌能力提升之中小微定位课"。为了紧扣主题，一上场我便向台下的听众发问，今天我们讲的是品牌能力提升，那么，究竟什么是品牌？

台下学员众说纷纭，有人说，品牌就是一个符号，也有人说，品牌就是一个印象，品牌就是名片，品牌就是一句广告语。我等大家说完后，提出了张大旗老师对品牌的定义，"品牌"二字，望文生义，分而析之，就是"品类头牌"，不是头牌，就是杂牌。

例如，霸王是防脱洗发水的头牌，海飞丝是去屑洗发水的头牌，飘柔是柔顺洗发水的头牌，潘婷是营养洗发水的头牌，滋源是无硅油洗发水的头牌，奔驰是豪华汽车的头牌，宝马是驾驶汽车的头牌，沃尔沃是安全汽车的头牌，特斯拉是电动汽车的头牌，可口可乐是正宗可乐的头牌，费大厨是辣椒炒肉的头牌，炊烟是小炒黄牛肉的头牌，香他她是香米煲仔饭的头牌。当然，这个品类头牌是相对存在的，例如，你是这条街上某个品类的头牌，那么，对于这条街的消费者而言，你也是品牌。

品类是顾客在购买决策中涉及的最后一级商品分类，由该分类可关联到品牌，并且在该分类上可完成相应的购买选择，又可以细分为具体品类、抽象品类、伪品类。比如，提到空调，顾客首先想到格力；提到矿泉水，顾客首先想到农夫山泉；提到超市，顾客首先想到沃尔玛。因此，空调、矿泉水、超市，这些都是品类。

品类是商业界的物种，是隐藏在品牌背后的关键力量，潜在顾客和消费者往往"以品类来思考，以品牌来表达"，分化诞生新品类，进化提升品牌竞争力。

品类选对，十年不累。品类不对，努力白费。品类选错，一切白做。品牌脱离品类，一文不值。品类不清晰，就无法对接顾客需求。企业竞争的本质是品类之争，而非品牌之争。只有超级品类才能创造超级品牌，创业道路千万条，品类选择第一条，品类是决定创业成败的关键！

女怕嫁错郎，男怕入错行，企业最怕选错"类"。为了帮助大家正确地选择一个强势品类，我们将品类选择的 10 个指标，总结成表，供你参考。得分 60 分以下的品类，建议大家慎重考虑，得分 80 分以上的品类，才值得尝试。

品类选择的 10 个指标

品类选择的 10 个指标	分值	得分
1. 自己最喜欢、最擅长、最赚钱的事业	10	
2. 市场容量大	10	
3. 重复消费	10	
4. 可提升单笔消费额	10	
5. 不要售后服务	10	
6. 不要有欠款	10	
7. 消费本身就是广告	10	
8. 投资少，回报高	10	
9. 了解新兴产业，把握未来趋势	10	
10. 竞争对手少，人无我有	10	

不同于特劳特的观点，我们强调，以品牌为中心，以心智为基础，以利他为导向，以战术为推动，以战略为根本。所谓品牌即品类头牌，不是数一数二，就会不三不四，不是头牌就是杂牌。小型企业用产品特性带动一个品牌，中型企业用一个品牌带动一个品类，大型企业用多个品牌带动一个抽象品类，集团企业用多个品牌带动一个品类价值网。

智能马桶，在卫浴行业是一个强势品类，有创立强势品牌的战略机会！财经作家吴晓波于 2015 年 1 月 25 日发表了一篇热文《去日本买只马桶盖》，第一天阅读量就超过了 60 万，大量网友认为此文章贬低了中国制造，戳中了国人的痛点，从而引发了一场中日产品品质之战，数位业界大佬发表意见，后来此次热点事件还被纳入了"两会"讨论议题。

通过第一轮调研，我们发现，希箭错过了一个非常好的机会，即 2016 年、2017 年、2018 年、2019 年，连续 4 年，希箭都是京东智能马桶的品类第一，单品累计评论数比第 2 名高出 0.3 万条，但希箭并没有进行有效定位，没有抢占智能马桶领导者的空位，甚至没有做任何广告、公关与传播！这直接导致了卫浴老大可随时切入智能马桶，而希箭却没有任何心智资源以及护城河。

但亡羊补牢，为时未晚。

3. 找定位

定位的基本定义是，让品牌在潜在顾客的心智阶梯中，占据最有利的位置。此外，《定位》原著前言部分，对"定位"的最新定义是：如何（让品牌）在潜在顾客的心智中与众不同。

战略定位的基本定义是，以定位来引领企业内部运营的方方面面。

杰克·特劳特说，定位就是与众不同，定位就是差异化，定位就是关于如何保持简单，运用常识寻求显而易见又强有力的概念。

邓德隆说，四步定位法，第一步，分析整个外部环境，确定我们的竞争对手是谁，竞争对手的价值是什么。第二步，避开竞争对手在顾客心智中的强势，或是利用其强势中蕴含的弱点，确立品牌的优势位置——定位。第三步，为这一定位寻求一个可靠的证明——信任状。第四步，将这一定位整合进企业内部运营的方方面面，特别是传播上要有足够多的资源，以将这一定位植入顾客的心智中。

在此基础上，张大旗老师常说，战略源自发现，而非发明。做定位，首先要"得体"。身高一米六就穿一米六的衣服，一米八就穿一米八的衣服，衣服再好看，首先要合身。做定位，要有"三性"，即唯一性、单一性、持续性。

定位的本质是，少即多，多即少。过度传播的社会，过度简化的心智，定位就是削尖信息，实现一词一语占领心智。很多时候，卖108道菜不如只卖18道菜，卖18道菜不如主打一道招牌菜。

我们在市场调查时发现，消费者对智能马桶的"冲力"大小非常重视，尤其是棚户区、老旧城区、高层小区等，消费者最大的痛点是：怕堵！怕臭！怕挂污！

基于消费者的需求、基于自身优势、基于行业发展趋势的三角分析，我们的定位策略是"希箭＝大冲力智能马桶"，反之，"大冲力智能马桶＝希箭"。

同类竞品的不同定位策略

品牌名称	定位策略
九　牧	全球首创无菌水智能马桶，可以喝的水
欧路莎	入驻G20峰会，获红点国际设计大奖，外观与血统是优势
恒　洁	6年质保，拥有超47项专利，新型陶瓷不发黄，不漏电，循环演示系统，4000多元价格无敌手，具备极强的供应链资源
法恩莎	过滤、变频、断电系统
美　标	获日本抗菌认证
科　勒	国际卫浴第一品牌，智能马桶不是强项
希　箭	大冲力智能马桶开创者，买智能马桶就选希箭大冲力，不堵不臭不挂污，5年质保更放心

4. 找证据

证据分三种，自证、他证、第三方证明。自说不如他说，他说不如传说。

如何证明一套房子是你的？需要房产证！如何证明这个美女是你老婆？需要结婚证！同理，如何证明这个定位是名副其实的？需要信任状！即证据和依据！

2020年5月10日是中国品牌日，没想到，5月8日希箭就被职业打假人举报，说希箭在京东平台使用"连续4年累计评论数排名第一"的广告语，涉嫌发布公司违法广告。

我们在第一时间启动了定位公关，积极与主管单位取得联系，并提供连续4年累计评论数排名第一的事实依据，最终由相关单位发文证明，希箭智能马桶在京东连续4年累计评论数排名第一，情况属实。

一锤定音！之后，希箭在全国各大平台及招商会，进行针对性的"定位"传播，将希箭大冲力智能马桶与第一画上了等号。一时间，希箭全国各地招商会人气火爆，签约成功率居然达到惊人的83%，智能马桶线下增长率达800%，令人瞠目结舌。

6. 找口号

广告语要满足"一定、二语、三场景"，"一定"即符合定位，"二语"即销售用语、顾客用语，"三场景"是员工用不用，顾客买不买，对手恨不恨。

7. 找符号

传定位、看得懂、想得起、说得出、画得像。

人们常说："佛靠金装，人靠衣装，产品靠包装。人凭一张脸，货卖一张皮。"而品牌符号与视觉锤就是整个视觉的点睛之笔。

（1）传定位。视觉如同一把锤子，那么，判断这把锤子好不好，就要考虑这把锤子有没有敲在"语言的钉子"上，如果没有敲"准"，那反而会有副作用。

（2）看得懂。要让受众一目了然，不用解释，如果一个标志、一个符号、一个视觉锤，设计完成后，要再附上一大段自说自话的创意说明，那么这样的创意自然就不是最好的。

（3）说得出。瑞幸小蓝杯、哈药蓝瓶钙、浏阳河蓝色经典、麦当劳金色拱门、阿迪达斯三条杠、耐克一把钩、宝马的双肾车头、特斯拉的海鸥门等，这些无一例外都是视觉语言化的应用，这样的符号、视觉锤，最为强大。

（4）画得像。简单的符号不一定是最好的，但最好的符号一定是简单的。判断一个符号是否简单，就找一个5岁的小朋友，看他能否看一眼就能把符号给画出来。

中国卫浴行业有"两箭"，一个是箭牌，另一个就是希箭。我们当时就在想，标志设计应该通过强化"箭头"的符号，进而强化消费者的认知。可惜，提案没有通过，最终，采用了一个简化版的箭头。

战略诊断小结

（1）找情报：这往往是被大多数营销人所忽视的，只有正确的情报，才会有正确的判断，才会有正确的布局。反之，情报错，品类错，定位错，一切错！

（2）找品类：与里斯公司开创新品类的观点略有不同，我们认为，不用"开创"这个词，而是用"发现"，用"寻找"会更合适。开创属于无中生有，容易走偏，而发现、寻找本来就是"人人心中有，只是他人案上无"而已，这样就省下了大量的教育成本，更顺应了用户的心智，以及集体的潜意识。

（3）找定位：它是那样的显而易见，又是那样的令人视而不见。一个定位好不好，最好说给小学生和老人家听听，如果他们都听得懂，愿意买，那这个定位就差不了。

（4）找证据：没有足够的证据和依据，定位就不成立。

（5）找名字："五易、四避、三有"命名法。"五易"即易读、易懂、易记、易传、易注册，"四避"即避免谐音字、避免生僻字、避免字太多、避免负能量，"三有"即有品类暗示、有品牌故事、有心智资产。买一个现成的商标，往往比注册新商标更快、更安全。

（6）找口号：广告语要满足"一定、二语、三场景"，"一定"即符合定位，"二语"即销售用语、顾客用语，"三场景"是员工用不用，顾客买不买，对手恨不恨。好的广告语：传定位，嵌品牌，含利益，场景化。

（7）找符号：如同口号一样，符号也是为了强化定位，降低传播成本，提升传播效率而存在。这与绝大多数的传统创意派观点相左，好看并不是最重要的，好卖才是！

希箭案例，在找情报、找品类、找定位、找口号、找符号方面可圈可点，但有最重要的一点需要加强，就是找证据。在 2020 年 11 月前后，随着智能马桶市场竞争的加剧，希箭失去了京东平台"连续 4 年累计评论数第一"的信任状，这是极为可惜的。我们曾建言，不惜一切代价，都要守住这个第一，但最终未能如愿。

经营诊断

战略战略，七分战，三分略。乔·吉拉德被称为销售之神，曾连续 12 年占据吉尼斯世界纪录大全销售第一的宝座，连续 12 年平均每天卖出 6 辆汽车，此纪录至今无人能破。

据说，乔·吉拉德在退休前的一次告别演说中，让两个壮汉抬着一个大铁球来到现场，然后将铁球架在了铁架上。之后，他邀请两个壮汉拿着大铁锤敲打大铁球，可直到壮汉们都累得气喘吁吁了，铁球还是纹丝不动。

这时，只见乔·吉拉德从上衣口袋里取出一个小铁锤对着大铁球敲一下，停一下，敲一下，停一下，敲一下，停一下……就这样一直敲敲停停，五分钟、十分钟、三十分钟过去了，一些耐不住性子的观众逐渐离席而去，大约四十分钟后，坐在前排的观众突然发现，球动了！

瞬间，全场安静了下来，大铁球开始慢慢地摆动，慢慢地加速，随着乔·吉拉德的每一次敲击，铁球越荡越高，并发出"哐哐"的响声。乔·吉拉德的一次次敲击，如同敲在了观众的心里一般，带给了他们深深的震撼，大家纷纷对乔·吉拉德的坚持报以热烈的掌声!

最终,乔·吉拉德的整个演讲只说了一句话:"在成长的路上,你没有耐心等待成功的到来,那么,你只好用一生的耐心去面对失败。"

重复并不是复制,而是在一次次的重复中积蓄势能和机会,不断地自我超越。成功,其实很简单,就是复杂的事情简单化,找到适合的战略定位,之后,简单的事情重复做,日日改善,日拱一卒。只要你能在某个行业坚持40年,每天进步一点点,40年后,你将会无人能敌!

1. 定目标

制订目标,召开月度经营分析会,导入"百日大作战"!进行"六分管理",即团队分组,目标分配,促销分期,市场分区,客户分责,奖罚分明。

关于目标的设定,大家都知道SMART法则,即目标必须是具体的(Specific),目标必须是可以衡量的(Measurable),目标必须是可以达到的(Attainable),目标必须和其他目标具有相关性(Relevant),目标必须具有明确的截止期限(Time-based)。

在实践的过程中我们发现,SMART法则结合"百日大作战",效果更好,操作要点如下。

PK的定义:在百日大作战××年××月××日至××年

××月××日规定的时间内，公司设定营销体系部门PK制，进行组内挑战，人均销售额最高者为胜方；营销体系各区部为单位，进行PK。

PK的内容：PK指标为人均销售额，其中销售额为各部门存量与增量的销售总额，人力以××年××月××日转正人员（不含助理）计算，离职、长假或者产假人员根据活动期间工作时长计算，其间转正人力根据活动期间工作时长计算。

PK的奖金：第一，设定双方团队各部门出资，营销大区（或部门负责人）1000元/人、主管500元/人、团队成员（不含助理）200元/人，费用纳入团队PK奖金池，同时活动期间离职人员PK金不再退回，新增转正、假期回归等有效人力需增缴PK金。

每组PK获胜者将取回本部门PK金并全额获得对方部门PK金，同时公司给予获胜方奖励，所有获胜方的人均销售第一名，公司再额外给予1.5倍的奖励金额，所有获胜方的人均销售第二名，公司再额外给予1倍的奖励金额，所有获胜方的人均销售第三名，公司再额外给予0.5倍的奖励金额。

例如，A团队PK金为4000元，B团队PK金为5000元，则公司奖励金额为(4000+5000)/2=4500元。如A团队在所有PK胜利方中排名第一，则公司再给予4500×1.5=6750元的奖励。

第二，团队PK方式以上一年全年人均业绩额排名作为参考指标，依次选择PK对象。（被选团队不可拒绝，如遇奇数可实行三个团队共同 PK 制，PK 考核标准参照上述第一点。）

2020 年 10~12 月，我们在希箭和湖南某礼品企业导入百日大作战，在业绩增长方面均取得了非常大的进步，希箭智能锁事业部增长率高达 700%，而某礼品企业在连续 8 个月负增长的情况下，实现逆势增长近 30%，顺利完成 2020 年的收官大战。

6. 定传播

中小微企业，缺人、缺钱、缺流量，如何花小钱，甚至不花钱打造品牌？答案是：定位传播！

张大旗老师曾在 15 年前问我："你知道营销人和记者的区别吗？"我摇头，他说："区别就在于，哪里有新闻哪里就会有记者，而我们要做到，哪里有营销策划人，哪里就得有新闻。"

下面几组数据能够证明，用正确的传播方式，少花钱甚至不花钱也可以制造话题、打造品牌，1 天内实现 3000 万次传播，及 3 家权威媒体采访。以下是我们 2019 年 11 月 11 日，在湖南希箭制造的事件营销，包括新媒体与传统媒体的组合，获湖南卫视《新闻联播》、湖南公共《帮女郎》等媒体广泛报道，同时我们还分享了"双十一"单日抖音破 3000 万次播放量的秘诀。

首先，希箭在公司制度层面出台政策，播放量超 1 万次奖励 10 元，播放量超 100 万次奖励 100 元，播放量第 1 名追加奖励 500 元。其次，我们进行了简单的抖音算法和拍剪技巧培训，当日累计播放量超过 3000 万次。

副董事长的抖音平日播放量为 150 次，点赞数为 2 个左右，而当日播放量则超过 1003 万次，点赞数 15.7 万，董事长当天注册抖音账号，在没有养号、零粉丝的前提下，播放量破 130 万次，点赞数超 2 万，冠军是希箭品牌部的一位同事，播放量超过了 1171.6 万次。这就是去中心化的算法，就是公域流量池的杀伤力。下面我们介绍一下打法。

（1）5 个指标。抖音评价短视频在冷启动环节中的表现，主要看完播率、点赞量、评论量、转发量、吸粉量这 5 个指标。因此，想获得推荐就必须在视频发出后，发动所有资源去提升这 5 个指标。建议：早期视频控制在 8~12 秒，标题写满且有槽点，保证画质与收音，多想多试多问多请教。

（2）调整心态。事实上，玩抖音会"中毒"，播放量多的时候就会欣喜若狂，播放量少的时候就会焦躁不安，心里会想，是不是标题不吸引人？是不是踩中了敏感词？是不是被限流了？其实，玩新媒体的关键不在算法，在心法，要时刻用"玩"的心态去参与，大不了从头再来。

（3）制造事件。除了要懂算法、懂心法之外，还要懂干法。针对希箭的传播我们就拿出了 3 条核心建议，即占品类、抢特性、率先传播，其中的关键是通过新老媒体的组合进行定位传播，打造品牌，建立认知。

经营诊断小结

日本寿司之神小野二郎说："职人的精神就是一辈子只做一件

事，并且把这件事做到极致。"伏尔泰说："要在这个世界上获得成功，就必须坚持到底，至死都不能放手。"

其实，努力并不难，难的是努力一辈子。表面上看，在专注同一条赛道的前提下，努力与不努力的人，在短时间内看几乎没有多大的区别；以月为单位来看，差别几乎肉眼不可见；以年为单位来看，会觉得虽有差别但也没差太多；但以5年为单位来看，就会明显看出两者之间的距离已是巨大；如果以10年为单位来看，则是天地之别。

少时学语苦难圆，只道工夫半未全。到老始知非力取，三分人事七分天。希箭大冲力智能马桶的小成绩，绝大多数的功劳都是客户的，我们的功劳有限，反倒是在直播带货上走了不少弯路，交了不少学费，感谢希箭的大力支持，在服务两年后继续与我们达成五年战略合作。

结　　语

本文专业涉及面极广，对学术基本功要求极强，有不完善之处，还望大家批评指正。功夫不深，力不从心，行有不得，反求诸己。接下来，我将继续打磨二十一步，期待大家的指导。

感谢我的恩师张大旗14年来耳提面命、语重心长的教导，感谢邓德隆先生在人生与哲学上的指引，感谢鬼鬼老师给了一次深度学习的机会，感谢编辑老师的付出，感谢曹岫云及曹寓刚两位老师在稻盛哲学方面的指引，感谢龙希望、谢意、陈科、陈寿东、程彦如、雷财神等老师对本文的大力支持。

曾经年少立志三千里，如今踌躇百步无寸功，小子斗胆，基于中小微企业定位实践，提出定位理论"三强三弱、四大差异、三没有"的看法。

基于定位理论"三强三弱、四大差异、三没有"的事实，我们提出了全文的核心观点：专注中小微，推动定位理论再发展。不同于特劳特"以品牌为中心，以心智为基础，以竞争为导向"的观点，我们深信企业经营，利他是因，竞争是果！应当"以品牌为中心，以心智为基础，以利他为导向"。我们与特劳特的区别在于三点——重视利他、重视财务、重视体系，并提出财务诊断七看法、战略诊断七找法、经营诊断七定法，共二十一步，适合中小微企业实践。

实践中，大家可以一起填写二十一步，一起进行"战略共创"。唯有群策群力，企业才能快速发展；唯有打造学习型组织，企业才能快速发展；唯有知行合一，企业才能快速发展。

1979 年中国广东省广告有限公司诞生，1991 年上海奥美成立，电扬、博报堂、李奥贝纳、智威汤逊、盛世长城、电通等国际 4A 也陆续进军中国大陆，之后奥美发表《奥美的观点》，影响甚广，如日中天；2002 年，中国本土有一家名叫"成美"的小型定位公司，发表《定位：中国实践版》，后改名为《不同于奥美的观点》，随即引发中国营销界与广告界大地震，从此，战略定位正式走进中国，特劳特中国顺势成立。

2021年年底,《不同于奥美的观点》第一作者耿一诚老师,在"1226餐创节"致主题词:"2002年,我与张婷老师出版了一本书,名叫《不同于奥美的观点》,在中国广告圈、营销圈、企业圈引起了一定的关注和热议,我们的核心观点,打造品牌的头等大事,就是——精准定位。2022年,即将到来。再议品牌,我们的观点仍然是和而不同,先有定位、后有产品;先有定位、后有定价;先有定位、后有渠道;先有定位、后有推广。"

2002年,中国定位史元年,耿一诚等人发表《不同于奥美的观点》,吹响了战略定位的启蒙号角,至2022年,《不同于奥美的观点》发表整20年,特劳特中国成立整20年,杰克·特劳特先生应邀来中国巡回演讲整20年,愿以此文纪念这些重要的年头,纪念这些了不起的"大人物"。以此文,向你们致敬。

不同于特劳特的观点,中小微定位二十一步。

以不同——致敬不同。

集体符号撬动集体购买

中小企业品牌基建和崛起之道

集体符号撬动集体购买的 10 个关键：

- 市场调研
- 企业战略
- 产品规划
- 社会问题
- 认知验证
- 能力检测
- 竞争评估
- 品牌战略
- 集体符号
- 品牌口号

廖湘江

　　湘江品牌营销咨询创始人。策略入行，从事品牌营销咨询工作14年。先后任职于国际4A日本电通集团，本土头部甲方市场部，兼具甲方乙方实战经验，14年实战中打磨出一套独树一帜的、适合本土中小企业的营销方法论——集体符号撬动集体购买。

　　代表作：九把刀岩板三年品牌全案服务、日式保洁方与圆品牌全案服务、三金西瓜霜全案服务。

"实践是检验真理的唯一标准",写这篇文章的时候,我想起最多的就是这句话。相信你已经看过和用过各种营销理论了,所以这里我就不再去谈那些只能匹配大企业的品牌营销战略方法了。再好的方法,再华丽的理论,如果不能切实可行,那在任何人手中都可能是废铁一堆,不会产生任何效果。

我想跟大家分享我十几年品牌战略营销工作中,验证过的、真正适合中国本土中小企业的、行之有效的品牌营销战略逻辑,这些在多年的实践中已经形成了一套科学且易于中小企业操作与落地的方法论。当然这个方法论里的知识,并非我完全独创,而是站在众多前辈的肩膀上,验证、梳理、整合而来的。

这个方法论就是"集体符号撬动集体购买"。

从作业流程来说,它分为企业、产品、品牌、落地4大部分,以及市场调研、企业战略、产品规划、社会问题、认知验证、能力检测、竞争评估、品牌战略、集体符号、品牌口号等10个关键,这些一起构成了一套完整的营销战略路线图。

第一部分,企业篇。解决企业能做什么、可以做什么、能做好什么的问题。找到企业能做什么,如社会分工,解决某个问题的使命等;可以做什么,如基于消费者认知,企业可以发挥的资源禀赋,这个领域的竞争环境和未来的市场空间等;能做好什么,如企业做到今天,能力是什么,未来还能增加哪些能力等。

第二部分,产品篇。围绕企业的经营使命、社会问题的解决方案，以消费者认知的品类价值为锚，以顾客的实际需求为线索，规划企业开创或进入的细分市场，并设计产品结构和业务开展顺序。

第三部分，品牌篇。用集体符号和品牌口号，去承诺和表达品牌的品类价值或者购买支点，设计传播内容和传播动作。

第四部分，落地篇。4P 的实践与创意，环环相扣的一套经营活动，是支持 4P 的企业经营组织动作。

接下来，我就以我们 2015 年服务的一家保洁公司——方与圆的项目为例，详细介绍我们是怎么通过集体符号去建立品牌营销根基，同时撬动集体购买的。

市场调研

不谋全局者不足以谋一域，项目调研要从生意的全局开始。

我们接到任何一个新客户的时候，并不是一上来就拍脑袋开始干，而是从了解客户的企图、生意的全局开始，为此我们要收集大量的信息进行分析研究，比如企业高管访谈、市场走访、消费者认知调研、市场数据与趋势分析、社会问题洞察、竞争对手研究、企业能力基因、全球案例参考等。

我们往往在进行调研和分析时，就会诞生策略和创意的构思与初判，所以这些环节的工作万万不可缺失和遗漏。为此，项目组足足投入了近两个月的时间，一边研讨，一边调研，先后走遍了方与圆的企业总部和主要市场区域，也拜访过数十家客户现场，了解服务反馈和消费者认知。

整个调研工作的关键，是学习和理解客户的生意，帮助客户找到对企业未来最有利的一个战略性位置与前进方向，并通过一系列的战略配称动作，帮助企业占领战略性位置。

企业战略

运用科学的企业战略菱形模型，制定方与圆基业长青的战略基石。

那如何制定一个能真正帮助方与圆赢得激烈的市场竞争、获得更好发展机会的战略，而且最好是能一战而定，实现企业基业长青的战略？我们有一个企业战略菱形模型。

这个模型是我们在十几年的营销工作中总结出来的，是我们工作中非常重要的一个模型。

企业战略菱形模型一共有 4 个部分：

（1）社会问题。
（2）消费者认知。
（3）竞争环境。
（.4）企业能力基因。

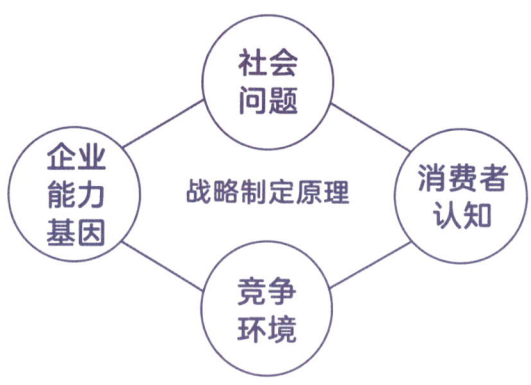

这是我们制定企业战略的 4 个不同角度，梳理、研究这 4 个角度的内容，相互交叉比对，可以帮助企业正确认识企业能做什么、可以做什么、能做好什么这 3 个最为关键的战略问题。

首先是社会问题，找到企业能解决的社会问题，是企业战略菱形模型的起手式。

一切的生意机会，都从消费者的需求中来。宏观的消费者需求，往往反映成社会问题，这些社会问题的背后就是商业机会，巨大的社会问题就是巨大的商业机会。德鲁克老先生说过，企业是社会的器官，企业是一种社会分工机制，企业的宗旨必须是企业之外的。企业之所以存在，就是因为它能够向社会提供某种服务，为社会解决问题。

所以，企业能为社会提供价值，社会就需要你，企业就有存在的价值。如果把社会比成一家公司，那么企业就是这家公司的员工，员工在公司的价值取决于其能为公司提供的价值，每一个员工要始终保持为公司提供价值，始终把工作干好，才不会被公司淘汰。

所以企业战略不是企业的战略，而是为解决社会问题而制定的战略。这是从根本上思考如何制定企业战略，也是我们的企业战略菱形模型的起手式，是菱形模型 4 个角的第一角。

因此，我们要明确方与圆到底要解决社会的什么问题、行业的什么痛点，明确这个行业到底还有什么显著的问题，是现在还没人解决，而我又能够去解决的，从而找到自己的社会分工，然后把解决这一社会问题当成方与圆的事业领域、经营使命，就能让方与圆站在基业长青的基石上发展。

项目组在工作调研过程中，发现保洁行业因为创业成本低，进入行业门槛低，导致市场鱼龙混杂，服务水平参差不齐。面对保洁行业的信息不对称，消费者往往不知道如何选择保洁公司，而保洁公司的服务总是言过其实，只追求做完而不是做好，导致消费者还要"现场盯梢""逐一点检"。

由此，我们洞察到消费者想要优质服务，却因为信息不对称得不到服务保障，这是行业的巨大痛点，也是社会的巨大需求，更暴露出消费者找不到、得不到满意可信赖的保洁服务的社会问题。

根据企业战略菱形模型，我们给方与圆找到了一个社会分工，并和方与圆共同确立了"引领保洁行业发展，让国人环境整洁干净"的企业经营使命，和"引领中国人喜好的保洁服务标准，提供看得见、信得过的居家和办公保洁服务"的企业战略。

要说明的是，社会分工、经营使命和企业战略的确定，一定是调研过企业的发展历程、现有资源和发展愿景才提出的，这样企业家才有意愿、企业才有能力去一步步实现它。

接下来要做的，是在消费者、竞争环境、企业自身这3个维度，不断去验证、调整企业战略的具体表述，并在这一战略的指引下，强化消费者认知、竞争优势，放大企业的能力基因！

其次是消费者认知验证，确定了社会分工，就要调研消费者认知验证策略和进行创作。

在营销过程中，我们选择什么样的策略和创意，策略能不能成立，创意能不能引爆策略，最重要的不是事实，而是消费者认知！消费者认知是品牌和消费者得以沟通的基础。

消费者依靠"五感"（视觉、听觉、嗅觉、触觉和味觉）接收和识别外部传达的信息，并触发已有的认知，从而做出相应的行为决策。

在传播的过程中，有一个非常关键的行为叫"对暗号"，就是让品牌发布的信息和消费者的已有认知，能够对上暗号，这样才能触发购买行动——品牌卖的是这个暗号，你要买的也是这个暗号。

认知心理学告诉我们，人的认知系统自带选择性关注、选择性曲解和选择性记忆这3种认知基本模型。消费者总是按照已有的认知模式，处理接收到的信息，并倾向于选择符合自己意愿的方式来理解信息。面对当下的媒体环境、过载的信息传播，消费者只会记住符合自己认知的信息，不符合已有认知的信息，就会被主动屏蔽掉。

科特勒老先生说过，营销要从消费者出发，去满足消费者的需求，然而这个需求潜藏在人性中，说的就是消费者的认知。我们所有的产品、所有的服务都是针对消费者的需求而生的，营销的对象是消费者。

所以，制定策略和创意时，只有充分了解消费者的认知，并以消费者已有的认知为沟通基础，信息才能有效到达消费者，从而影响消费者的认知，让消费者的购买选择指向你。

那如何调研消费者的认知呢？这里有两个关键。

第一个是研究目标消费者原话，一定要是原话，是从他嘴里说出来的那句话。消费者的原话是不假思索地说出来的，往往就是最真实、最常用、最容易记的。消费者的原话符合消费者的固有经验，最接近消费者的真实想法，消费者原话就是消费者的已有认知。

要知道，最能让消费者相信的，就是消费者的原话，因为消费者本身更容易相信自己说的话。

第二个是购买行为，认知决定行为，我们要看消费者做了什么，胜过听消费者说了什么。购买行为最能代表消费者的真实认知。所以我们说一切答案都在现场，在消费者原话中，在消费者的购买行为中。

项目组进入销售一线,一家一家地访谈方与圆服务过的客户,去看客户所在的环境,去了解客户对保洁的认知。在这个过程中,项目组经过了两轮判断,第一轮判断就是验证了上一步找到的社会问题,是广泛而又客观存在的,是行业的真实痛点。第二轮判断就是判断出客户最关心的"干净的专业标准",是存在一个共同认知的,就是"日式保洁"。

在访谈过程中,很多客户都希望能有保洁公司提供"日式保洁"类型的服务,甚至"日式保洁"能够替代和超越"干净保洁""专业保洁""标准保洁"等传统行业认知;换言之,如果占领"日式保洁"的认知资源,就等于占据了更强大的消费者认知优势,就能为品牌找到一个最有利的战略性位置。

再次是竞争评估,确定了社会问题,调研了消费者认知,第三步就是评估竞争环境。

营销环境并不是一个"二人世界",只存在企业和消费者。它的问题在于,除了企业跟消费者,还有竞争对手的存在。

因此,企业的工作不仅要满足用户的需求,而且还要面对竞争环境。这就要回答两个非常严肃的问题:一是跟竞争对手比较,为什么我购买你的产品或服务,而不是购买竞争对手的产品或服务?二是能不能赢得在竞争环境中的战略机会?

所以在制定战略的时候,我们一定要客观地评估我们所面对的竞争环境,这里说的竞争环境,不仅是物理层面的竞争,而且更重要的是认知竞争。

在进行竞争对手研究的时候,项目组发现"日式保洁"这个保洁行业的细分品类价值,还没有其他品牌占据,也就是说截至我们调研之时,没有任何一个品牌主导"日式保洁"的品类。

这样的竞争环境,为方与圆提供了一个独角兽级的战略机会。为了抢占这个战略机会,我们做出了一个关键动作,即在方与圆的品牌名"方与圆"后面加入"日式保洁"四个字,让"方与圆"更名为"方与圆日式保洁",这样在命名上就牢牢占据了日式保洁的品类价值,让每一次的品牌传播,都是在夯实品类基础,积累方与圆日式保洁的品牌资产,从而在消费者认知中占据品类价值制高点。

由此,我们就通过"方与圆日式保洁"的命名,一方面占据了品类价值的认知,一方面区隔了竞争,简洁清晰地回答了消费者为什么选择方与圆而不是其他品牌。

最后是能力检测,即放大企业能力基因,支持企业战略执行落地。

制定一个企业战略既要考虑外部环境,又要考虑内部因素。前面说的社会问题、消费者认知、竞争环境都是外部环境,而能力基因属于内部因素。

企业要解决一个社会问题,要占领消费者的价值认知,就一定要充分考虑自己的能力基因是什么。

迈克尔·波特在制定区域经济产业战略时说，要找到地区的"资源禀赋"，总是要基于你的禀赋，来制定你的战略。企业制定战略也是一样的，要基于资源禀赋和战略基因。如果你有那个基因，那进入一个事业领域就会势如破竹；如果你没有那个基因，那就会寸步难行。

那么，方与圆能干好保洁这个工作的能力基因是什么？能实现用日式保洁解决保洁问题的方案是什么？带着这些问题，项目组在调研过程中，发现了方与圆的3大能力基因：

（1）行业首个连续3年聘请日本高级清洁匠人培训清洁技能的保洁公司。
（2）拥有一套独特的、领先的家庭保洁解决方案。
（3）多次在各类清洁技能大赛中荣获一等奖。

因为方与圆掌握了这3大能力基因，而且已经形成了一整套完整的信任状，所以我们提出要在传播中放大"日式保洁"的解决能力信息，通过奖项证言、顾客证言、日本匠人证言来强化"方与圆日式保洁"的品牌价值。

此外，我们还提出方与圆要在日本匠人培训、日本清洁游学和日式保洁标准普及上，投入更多企业资源，不断对内提升服务水平，对外放大这一价值认知！

产品规划

解决了企业战略的问题,然后要规划产品业务,尤其是定义拳头产品。规划产品业务,首先就要回答"产品品类"的问题。

无论做什么生意,都要第一时间明确自己处在什么品类。比如,你想买矿泉水这个品类,才会选择农夫山泉、怡宝、百岁山等,而不会考虑选择红牛或王老吉,你确定了买功能饮料才会选择红牛,你确定了买凉茶才会选择王老吉。

对于消费者而言,品类是满足需求、解决问题的集体认知,而品牌是简化品类识别的工具;对于企业而言,品类是赛道,是生意,是商业机会,品牌是控制品类资源的工具,要想建立强势品牌,首先要选好品类,找对赛道。

前文提到,通过消费者认知、竞争环境、企业自身能力的调研,项目组帮助方与圆确定了"日式保洁"的品类价值,并通过品类命名占据了品类认知资源。

接下来,就是以消费者认知的品类价值为锚,以顾客的实际需求为线索,规划方与圆日式保洁要进入的核心业务,并设计产品结构和业务开展顺序。

我们为方与圆日式保洁设计了这样一个业务组合,分为5个产品板块:

（1）家庭保洁。

（2）办公室保洁。

（3）写字楼保洁。

（4）工业园保洁。

（5）产业小镇保洁。

其中的家庭保洁，就是方与圆日式保洁的拳头产品，企业的研发资源、人力资源和品牌资源，都要压倒性地投入家庭保洁市场的营销工作中。

品牌战略

建立长期的品牌战略，承诺和表达方与圆日式保洁的品类价值。品牌战略的核心是长期投资在集体符号和品牌口号上，承诺和表达品牌的品类价值，设计传播内容和传播动作，力求在消费者认知中占领一个优势位置，实现被消费者优先选择、优先购买的目的。

为什么品牌战略的核心是集体符号和品牌口号？

消费者依据已有认知做出购买决策，如果想打动消费者购买，就要通过种种手段对消费者认知施加影响，但我们不可能将一个实体产品塞进消费者的认知中，我们只能通过符号和文本将品牌植入消费者心智中。也就是说，品牌想占领消费者心智，作用于消费者的认知系统，打动消费者让消费者购买，核心就两种信息传播方式：符号和文本。

简言之，品牌是认知的产物，品牌要想在消费者认知中占据最具优势的位置，只能通过符号和文本作用于消费者的认知系统来实现。

首先来说集体符号，设计集体符号，以高效、快速、准确地传达方与圆的品类价值。

什么是集体符号？集体符号就是消费者集体都认知的符号。集体符号一定是集体的、公共的符号，不是少数人的、一个人的符号；一定是已经有的、已经熟悉的，不是新创造的、当下流行的符号；一定是自带集体价值、集体偏好的符号，不是个体喜欢、个体偏好的符号，这样的符号才有商业价值，因为它的影响范围最大，认知效率最高，价值偏好最强。

建立品牌认知、传播品牌价值的起手式，就是寻找集体认知最强的符号，以传达品类价值信息或撬动购买支点。

在营销传播的过程中，集体符号就是品牌和消费者之间对上的"暗号"，消费者一看到这个"暗号"，就能快速激活集体价值认知和集体消费经验，就会做出相应的行为反射。

比如，你看到一家门头有"辣椒"这一集体符号的餐厅，就会快速知道这家餐厅是以吃辣为主的，当你有吃辣的需求时，就会对号入座，"辣椒"这个集体符号的作用就是快速让品牌和消费者这两端的人联系起来。

总结来说，每一个消费者的大脑中，都储存了已有的认知，集体符号是影响范围最大、认知效率最高、价值偏好最强的符号，最能激活消费者的已有认知，最能让品牌价值信息高效、准确、快速地传达给消费者，让消费者零损耗理解品牌的价值信息，从而建立品牌认知和偏好。

回到方与圆日式保洁的项目，说到保洁，我们找到的集体符号就是清洁师，清洁师就是保洁品类的原型，也是最核心的集体符号。

找到核心的集体符号后，我们依据品类原型改造集体符号，让集体符号私有化。私有化的标准就是能注册，能成为品牌的资产才能成为方与圆最有价值的品牌符号。

设计集体符号的最终目的，是激活集体认知，让更多的人快速认知品牌，最大限度地降低品牌的传播成本。有了这个底层逻辑，我们对全世界的各大品牌进行了大量研究后，选择了用拟人化的动物形象做品牌符号，因为从品牌传播的角度来说，动物可爱、亲民、接地气、好识别，是人类的好朋友。

拟人化的动物品牌形象，是一种情感化的设计，会天然地拉近品牌和用户之间的距离，让品牌更有温度，更容易被记住，而且它兼具所有人都认识、拟人形象有温度、动物形象令人偏好的优点，也是全球各大服务类品牌的常用套路，阿里巴巴就因为用了很多动物形象作为品牌集体符号和名字，被人戏称开了一个"动物园"。

经过讨论，我们最终确定了用日本柴犬作为方与圆日式保洁的集体符号，我们的插画团队通过发挥品类价值与生俱来的戏剧性，为方与圆日式保洁设计了一个认知效率最高、价值偏好最强的集体符号！

服装：我们让这个可爱的日本柴犬头上戴着日式头巾，穿着日式风格的清洁师服装和日本人最喜欢穿的木屐，展示了一个日本保洁匠人的形象，传达了品类的价值信息——日式保洁，同时又展示了专业度。

严肃的表情：面部挑剔的表情，一脸严肃地传达了精益求精的工作精神。

蓝鼻子：我们把柴犬的鼻子设计成蓝色的，成为视觉的中心，形成了集体符号的独特性，让集体符号更具画面感，可描述。一说蓝鼻子的柴犬，大家都能联想到方与圆日式保洁，形成品牌区隔。

其次是品牌口号，用一句话调动消费者认知，让消费者做出购买行动。

一个好的品牌战略，不但要有一个集体符号将品牌信息最低成本地外化，而且还要有一句能调动消费者认知，让消费者做出购买行动的品牌口号。

一句好的口号要宣传清晰的品牌认知优势，品牌传播的本质是将品牌认知优势最低成本地外化。现在，我们已经有了"方与圆日式保洁"的词语和集体符号，接下来还要通过一句话把品牌价值喊出去，而且这句话也必须包含品牌词语"方与圆"和"日式保洁"。

口号体现战略，口号号召行动，谋求的是调动消费者的心智和认知，让消费者做出购买行动，让企业内部高度一致认可这一战略，要求将资源配称集中匹配压倒性投入。

根据心理学的刺激—反应原理，好的品牌口号要么就是陈述句，陈述事实；要么就是行动句，直接要求人行动。于是，基于方与圆的能力基因和"日式保洁"的品类战略价值，我们的战略目的就是占领专业日式保洁品类的认知，让方与圆成为这个品类的领导品牌。

所以我们给方与圆提出了"专业日式保洁，认准方与圆"的品牌口号，给出一个刺激指令"专业日式保洁"，然后要求消费者做出一个行动"认准方与圆"。

> 专业日式保洁
> 认准方与圆

"专业日式保洁"是方与圆的战略重心,也是保洁品类的制高点,占领"专业日式保洁"就是占据了保洁品类的制高点,就等于代表了解决保洁问题的最佳方案。制高点就是终极利益,是精神层面的情感利益,比如可乐的制高点是欢乐,不是清凉解渴。只有占领品类制高点,才能赢得消费者的最终认同。

创造一个品牌口号,除了要使用刺激—反应原理,给出价值刺激、下达行动指令,还要注意以下 3 个创作要点:

(1)要有一个清晰的购买支点。
(2)要用大白话将品牌口号口语化、俗语化。
(3)只用陈述句和祈使句。

其中最重要的创作要点是品牌口号,就是好的品牌口号一定要有品牌名!

"方与圆"就是品牌名的最小单位,把品牌名嵌入品牌口号,不但能达到每说一次品牌口号,品牌名就传播一次的效果,还能让品牌名嵌在品牌口号中,永远都不会丢失,永远都不会失传。

我们要下达指令的时候，一定要用口语中带有行动和偏好的常用词，比如"认准""就选""就是"。在方与圆的品牌口号中，我们选择了"认准"这个词语来直接下达指令，为消费者提供选择指南。

"认准"是祈使句，祈使句最常用于表达命令，以及请求、劝告、警告、禁止等。祈使句多由动宾短语构成，极具行动号召力，目标性极强，充分体现了语言的质感、力度；祈使句赋予句子口语化特征，不仅通俗易懂，而且包含了行动指令，能号召消费者做出相应的行动。行动指令，就体现出口号中动宾短语的价值，就像看到王老吉，你马上就会想到"怕上火，喝王老吉！"一句"喝王老吉"就给万千消费者下达了购买指令，让消费者行动起来。

口号体现战略，口号号召行动。"专业日式保洁，认准方与圆"是统一方与圆占据日式保洁品类制高点战略的一句话，是牵一发而动全身的。它要求方与圆内部将人力、物力、财力等所有资源集中匹配，压倒性地投入，倒逼方与圆在"日式保洁"方面必须为消费者提供真实价值，提供更优于其他保洁的解决方案。

很多中小企业都处于爬坡阶段，爬坡阶段的市场竞争是最激烈的。在激烈的市场竞争中，生存下来，力求不出局，是中小企业的战略重心。要想赢得竞争，就要实现 3 个目标：

（1）提高卖货的效率。
（2）降低品牌营销成本。

（3）让每一个营销传播动作都能累积成品牌资产，不走弯路。

要实现这3个目标，就要准确洞察行业问题、消费者认知、该领域的竞争环境以及企业自身的能力基因，然后找出品牌最核心的、最能撬动消费者购买的品牌价值。

同时还需要把品牌价值最终精炼成一个集体符号和一句带有购买支点的大白话式的品牌口号，形成目标明确的系统性解决方案，影响消费者已有的认知，让品牌快速打动消费者。

为什么"集体符号撬动集体购买"的方法论能帮助中小企业实现卖货效率，降低品牌营销成本以及让每一个营销传播动作都能累积成品牌资产，不走弯路呢？

因为"集体符号撬动集体购买"的方法论是从客户生意的全局出发，梳理企业的发展战略和品牌价值，并界定品牌的品类，让品牌起手式就站在一条正确的赛道上发展，最后通过认知效率最高、价值偏好最强的集体符号和品牌口号，去表达品牌的品类价值，撬动消费者的购买支点以及设计传播内容和传播动作，真正做到帮助客户增长生意。

方与圆日式保洁就是通过"集体符号撬动集体购买"的方法论，找到了发展战略和品牌价值，带来了营业额的增长，抓住了一个有品类无品牌的赛道机会，踏上了快速发展之路。

成功不一定可以复制，但成功的经验与方法一定值得借鉴。我深信，不管什么理论，只有经过实践检验，才能真正地帮到每一位中小企业的经营者。希望本文能为正在崛起的中小企业提供一套比较科学的制定营销战略的方法论。

MAP 低成本线上投放 6 字诀

MAP 方法论 6 字诀：

- 渠道
- 人群
- 策略

如何用 MAP 方法论投好信息流广告：

- 选择合适的投放渠道。
- 看受众人群偏好。
- 制定产品策略或转化策略。

周超

　　星翼智能首席运营官，流量投放增长入行从业12年，历任阿芙精油、尚德机构、美呗医美流量增长负责人。代表作：流量增长系列课程"MAP 投放方法论"、尚德机构信息流投放成本全行业最低、美呗医美 ROI 1∶30 极速增长。

如何用一套 MAP 方法论投好信息流广告

信息流广告，是互联网线上流量投放非常主流的一种广告形式，简单来说就是你刷朋友圈时看到的图文/视频广告，你刷抖音时看到的视频/直播广告。因为是夹杂在你的阅读浏览"动线"里的，所以我们形象地将其形容为信息流广告。

从事互联网营销、运营的朋友，或多或少能感受到这几年线上流量越来越贵，究其原因无外乎 3 点。

（1）互联网线上人口红利消失。众所周知，互联网早已下沉到四线五线城市，之前源源不断的流量红利没有了。

（2）互联网用户认知提升，传统营销"套路"失效。随着移动互联网越发深入，"信息差"越来越没有生存空间，加之广告监管越来越严，线上投放、营销越发困难。

（3）各大平台算法升级。以前投广告要出效果很容易，只要你有品牌、有预算，通投（不定向具体人群）都可以，因为你的品牌力、预算出价高于同行，同行打不过你。但今天算法升级了，同行再少的预算都可以投出效果。因为同行可以定向你投出来的人群包，所以他们都可以争夺有需求有意向的客户，进而造成流量成本持续上涨。

基于这些情况，投放越来越难了。一方面商家太多，只要有预算就可以抢你的客户；另一方面有经验的投放人员严重不足。现在市面上大多都是 2~3 年经验的投放人员，很少有人能穿越 PC 互联网、移动互联网，经历 CPM（按展现收费广告模式）到 oCPM（向有效人群曝光优化广告模式）这些阶段。

那怎么打破这种局面呢？作为从事投放行业 12 年的从业者，我完整经历了 2010—2015 年 PC 转移动互联网时代、2016—2019 年信息流效果广告投放时代，我将通过近 10 亿元的广告投放费用经验，给大家分享一个基于线上效果广告投放的"MAP 投放方法论"，这个方法已经在各行各业实践过，非常有效，ROI 提升均在 35% 以上。

为了便于理解，我将通过在线教育行业里的成人学历产品来举例子，然后逐一展开讲解 MAP 方法论的概念和应用方法。

成人学历产品，是"高等教育自学考试本科"的简称，成绩合格后由主考学校和高等教育自学考试委员会联合颁发本科毕业证书，国家承认学历，学信网可查，具有与普通高等教育毕业证书相同的法律效力。作为弥补高中阶段没有考上统招本科遗憾的产品，它含金量高，是需要本科学历的人群的最好选择，因此报考人数常年突破新高。

如果我们拿到这个产品，那应该如何开始投放呢？第一步是选择一个合适的投放渠道，就是 Media，这个渠道需要有以下几个特征。

（1）渠道里的用户是学历产品的目标用户。不同的渠道对应的用户不同，学历产品在 2017—2019 年，成本最低转化不错的渠道是广点通里的 QQ，而不是微信。因为 2017 年有一个趋势，新生代的网民或者叫"城市奋斗者"，用 QQ 的比用微信的多，他们认为微信是父辈才用的 IM 工具。加之 MBA 培训产品在微信渠道推广转化比 QQ 好，所以侧面印证了这个趋势。

（2）如果渠道用户不那么明确，那么也得容易被定向。

广告媒体后台提供了很多受众的标签。今天是算法的时代，我们每个人在广告后台那里都有很多标签，那么在投放的时候就可以根据你产品的特性，在这个渠道里选定相应的人群做投放。比如，你要投放婚恋网站推广，那后台定向最简单的方式是：女性、一二三线城市、未婚、最近 30 天有浏览婚恋 App 或公众号的人。

渠道选好了，第二步就是看受众人群（Audience）偏好。人群偏好指的是你想转化的这些客户，在上面选定的渠道里，都有哪些行为、兴趣偏好。拿 QQ 来举例，使用 QQ 的人都在用 QQ 玩什么？音乐、游戏 / 电竞、短视频、爱豆。知道了用户的这些偏好，那我们接下来的产品，就需要包含用户能感知的这些元素，这样才能让用户产生共鸣，进而转化。

回到我们学历产品的例子，面对这些用户，我们的产品需要变成什么样子，我们需要怎样的转化形式才能让这些目标用户感知我们，进而有后续的转化行动？我们思来想去，准备顺应这些 QQ 用户的喜好，用一个"测一测"的玩法。

这里有个用户洞察，为什么现在人们很喜欢各种测试？一个普遍的心理学解释说，因为人总是很难了解自己，总想通过什么途径、什么方法指标来测试自己，进而了解自己。这种测试在年轻群体里尤为常见。所以基于学历产品，我们设计了一个"测一测，你多久考个名校本科"的转化策略。

这里的产品策略或转化策略，我们称之为 Product & Promotion，是在选定的渠道，基于对渠道里人群的洞察，专门设计的、让用户可以快速行动的策略。经过投放测试，上面这个"测一测"的策略，转化率相当好。我们在复盘时就想，为什么这个策略会有效？有哪些可以复用的方法论？

回到信息流广告行业角度来分析，在信息流广告出现之前，全网高质量的销售线索都是通过搜索广告（SEM）得来的，意向不错，但因为同时了解了很多竞品，就容易产生营销脱敏，就会要优惠，要比价，要挑选，这样决策周期反而会变长。而信息流广告可以向前伸半步，在用户搜索之前就更好地抓住意向用户，因此它装的用户更多、更广。只要销售足够好，每一个单品的容量就至少能比 SEM 翻两到三倍。

比如知道消防证的人很少，但是线上广告打"考个消防证，一年就能拿 15 万"，就会有人留手机号咨询。那么从这个角度来看，最好的转化策略就是"测一测，你多久考个名校本科"，因为这种需求人们永远不会搜索，但一旦见到就会被抓住、被转化，而且没有竞品打扰。

除了行业的特性之外，这种"找渠道——选人群——定策略"的信息流投放方法论，在各个行业都普遍适用。我就分别取了3个单词（Media、Audience、Product & Promotion）的首字母，将其总结为"信息流MAP投放方法论"，即MAP投放方法论6字诀——渠道、人群、策略。其学术定义是：MAP是一套投放策略，它指出了清晰的受众画像，明确了优势的产品特性或转化策略，根据产品特性和受众找到了非常适合它的推广渠道。

说到这里你可能会问，这个"测一测"的创意感觉是你的"妙手偶得"，各个行业不同，有没有什么办法能标准化地产出这些创意呢？还真有。

MAP投放方法论的应用

接下来我们看看MAP投放方法论在素材方面的应用，即应用一个矩阵工具，解决了素材产出的问题，也顺应了平台的投放要求。

我们做一个下面这种2x2的矩阵象限。横坐标是要投放产品的卖点和这个产品针对目标人群比较好的转化方式，纵坐标是要投放产品的展现形式和用户使用产品的场景。线上广告投放的就是"文案＋场景"，文案对应了卖点和用户需求；场景对应了产品展现形式和用户使用产品的场景。

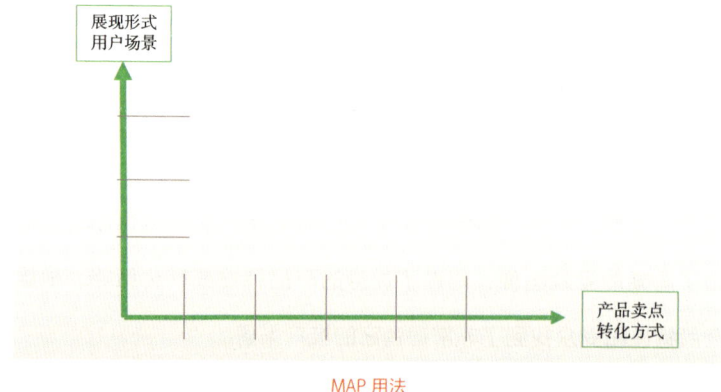

MAP 用法

产品卖点怎么来？我们的投放团队、产品团队和研发团队一起头脑风暴，仔细想了想我们的产品有哪些区别于竞争对手的、符合用户购买心智的、凸显我们产品特性的特点，这些就是好的卖点。拿学历产品的行业第一尚德机构（下文简称尚德）举例，他们总结出来的横坐标产品卖点有以下几个。

（1）大机构：为什么是这个卖点？学历提升行业有非常多的小机构，他们没什么资质也不正规，大量地卷了学员的钱就跑了。而尚德从成立到现在已经15年了，这就是一个很强的卖点：打击竞争对手，凸显自身实力，且能和用户心智贴合。

（2）有保障：你可能会问哪个培训机构会说自己没保障？尚德敢打这个卖点，是因为它和保险公司合作了一个"考试不过退费险"。如果你的学习时长超过一定时间，考试还没通过，那么就由保险公司把你的学费退给你。这才是"有保障"的真正含义，且竞品无法跟进。这一点用户非常看重，因为害怕学费被骗。

（3）通过率高：和有保障类似，因为是大机构，所以后端教研师资力量及研发能力很强。大家知道考试培训就是看老师的水平，看备课的深度，再结合上面的"考试不过退费险"，尚德在投放时这几个卖点就非常强了。

我们再来看横坐标的"转化方式"。你的产品好，直接说出来用户可能并不相信或者很难感知，那么在市场突破初期，你就需要用一个目标受众能感知的、理解门槛低的、能顺应用户认知的方式做转化。比如上文提到的"测一测"，就是顺应了新生代用户的玩法，兼具了信息流平台的认知，才达到了这种效果。

这里还需要特别强调，不是说学历行业就用了一个叫"测一测"的转化方式，而是"测一测"是个很受用户欢迎的转化策略，但支撑这个策略的还是上面提到的卖点，不然就很难让用户信服。比如医美行业会用"查一查，做个双眼皮需要多少钱"，逻辑都是一样的。

说完横坐标，我们再来看纵坐标。展现形式和用户场景的作用，是让广告受众在这个场景里看到你的产品时，能产生共鸣，或产生兴趣想深入了解。还是拿尚德来举例子，你可以想想，一个想提升学历的人，在哪里看到尚德的产品最有共鸣，最有兴趣深入了解。是办公室场景吗？是发工资场景吗？是升职加薪场景吗？

都不是的，这些场景很难让人联想到学历提升。经过我们对用户的深入洞察，我们发现大学校园是学历人群最容易转化的场景。为什么？

想想我们的用户,他从小到大,因为种种原因,没有考上统招本科,最终上了中专、大专或者职业学校。他一定有亲戚朋友、发小儿、隔壁邻居考上了统招本科的学校。逢年过节一起聚会聊天的时候,平时刷他们的微信朋友圈的时候,看到他们在大学校园里的样子,是不是心中会有遗憾呢?

就是这种遗憾,让用户在看到尚德广告里的大学校园、学士服、学士帽、大学生、大学教师、课桌的时候,会产生深深的共鸣,再加上刚才说的"测一测,你多久考个名校本科?"自然就转化了,这就是这个坐标轴的威力。

当我们确定了横坐标和纵坐标的元素后,就可以做交叉了。交叉的意义是什么?没有经验的人刚开始并不知道哪种卖点与场景的配合好,那么就可以用这种交叉方法:假设横坐标有A、B、C、D四个卖点,纵坐标有1、2、3三个场景,那么就可以组合出:A1、A2、A3、B1、B2、B3、C1、C2、C3、D1、D2、D3,总计12个"投放打点",也就是卖点与场景的排列组合。

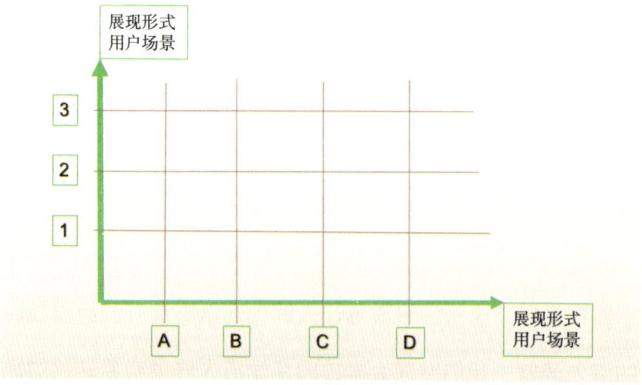

做交叉

有了这 12 个投放打点，建计划、做素材就可以按照这 12 个类型去做，简单清晰，相互独立，完全穷尽，投放便可以做到有的放矢。

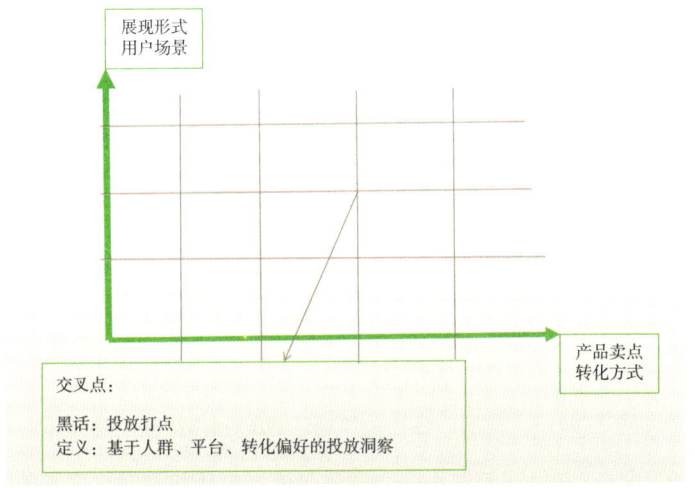

投放打点

这个模型的最大威力，就是你投放了这 12 个投放打点后，就有相对应的数据反馈，比如 A3、D2、C1 这 3 个打点转化率或者 ROI 最高，其他都不行，那么你的后续投放优化策略就都出来了：检查 A3、D2、C1 的数据变现，找到转化好的真实原因，然后把 A3、D2、C1 的各个卖点和场景再做扩展，做出符合原因的更多素材继续测试；同时查看 D 类卖点为什么转化不好？是我们自嗨式假设了用户的需求？还是 D 类卖点的场景和展现形式就是没有击中用户的需求？找到原因，然后改进它。

身在广告行业的你，一定已经发现了，MAP 投放方法论就是从营销 4P 演化而来的，它整合了"人货场"的营销理论，归纳了信息流投放特有的"渠道——人群——转化策略"，像指南针一样指导投放工作保持在正确方向。MAP 背后是一套整体的思考策略，是从品牌自己的产品出发的，从品牌高转化人群的需求出发的，绝不是拍脑袋空想，而是尊重规律，尊重数据，这样也能弥补投放渠道单一无法扩展、投放人员行业经验不足容易踩坑等问题。

上文主要讲了 MAP 方法论对投放的两个作用：①明确的投放策略：推什么产品？怎么推？推给谁？用户是否买单？如何验证？②高转化投放素材的制作：有了策略怎么做素材？怎么把素材做得让用户感同身受？

有了这两点，你的广告投放策略、素材制作策略上基本不会有大的错误，并且在与对手的"竞争对抗"中还能赢得一席之地。但光有这些还不够，还有个维度需要想想：你的投放策略是否顺应平台要求？

为什么这个很重要？我们稍微介绍一下线上广告投放的历史。最早的广告形式叫 CPT 或者 CPD，全称是"按展现时长（Time）收费"，或者"按天（Day）收费"，代表是电视广告，比如春晚之前 15 秒可以卖 1000 万元，或者某个门户网站上的广告一天收费 300 万元。

信息流广告投放发展历史与现状

CPM 是早期互联网的广告形式，全称是"按千次曝光收费"，意思是你的广告曝光在用户面前 1000 次收多少钱。当有人告诉你

CPM 35 元，就是你的广告曝光给用户 1000 次收费 35 元，平均一个用户曝光成本 3.5 分。

CPC 比 CPM 稍微先进一些，全称是"按用户点击次数收费"，解决的是一批商家优化不了的点击率问题，给你 CPM 也转化不了，那就投 CPC，点一下扣一次费用。

CPA 指的是按照特定行动（Action）计费，比如一个下载，一个完播，算是 CPC 模式的进化和变种。

重点说一下 oCPM，全称是"向有效人群曝光优化广告模式"，可以类比 CPM 来理解，以前的 CPM 虽然可以定向精准人群投放，但投放都是一次性的、垄断性的，比如我买了 1000 个用户的曝光，你就不能定向了，咱俩需要竞价看谁出价高。"oCPM"厉害就厉害在它前面这个"o"，就是"优化"的英文"optimization"的首字母，它可以在你投放之前，根据你同行和大盘的数据，给你推送可能会转化的用户人群给你，是智能推荐。

上图是什么？是广告后台的自动化优化功能，比如自动出价，就是系统自动根据大盘和竞争，全自动出价。要知道在 5 年前，一个合理的、不高不低的出价能力，可是很多投手值 1 万元、2 万元月薪的基础，结果现在被机器替代了。

为了方便理解，我们先简单假设：中国只有 4 家企业投广告，尚德、升学、恒企和爱华，当然这个也可以类比到电商，比如中国就只有 4 家在淘宝卖鞋子的企业。

在 CPM 时代，广告是这样投的：

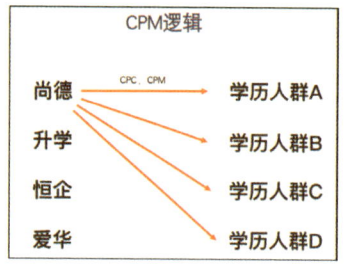

只要你有钱，你就能把中国所有潜在学历人群尽可能地覆盖一遍。但在 oCPM 时代，最可怕的事情发生了：

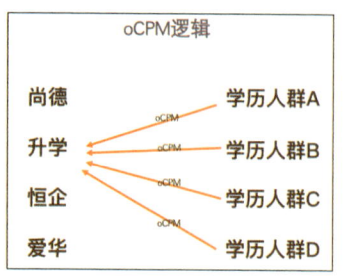

升学要投放的时候，平台会把这些打上了学历人群标签的人群包，推送给升学，这样一来升学投放起量速度就特别快。还记得前文讲的一键起量吗？自动出价、智能放量，这些都不是吹牛的。所以对于后面来的广告主，要投广告，利用 oCPM 直接站在前人的肩膀上就行了。

如果你是升学，怎么做才能成本最低、速度最快地赶上头部企业的投放呢？你可以把对手的素材抄过来，因为人群包是现成的，素材对于这些人群又算是"二次触达"，直接变成老访客了，升学直接出高价就行了。

尚德出 35 元，升学出 40 元就行了，如此一来，尚德就没有流量了，那尚德该怎么争取这个学历人群呢？加价！出 45 元。

现在你明白为什么信息流成本越来越高了吗？就是因为 oCPM 的规则逻辑。

其实真实情况是互相交叉的，其他 3 家的人群，也会给到尚德。那这件事便宜了谁呢？广告平台。平台倒是乐于看你们打架，但是企业就很难受啊！

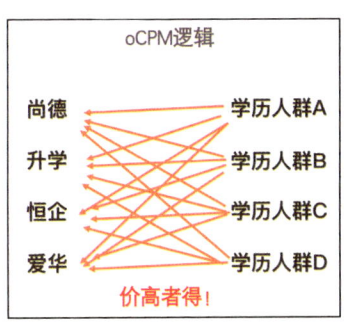

说了半天，到底怎么破解这个成本上涨的魔咒呢？你可以先想想这个算法的漏洞是什么。我们回到信息流的本质，在信息流出现之前，是人找信息。人找信息，代表行业是百度。我要找信息，我要上百度。排在第1的点一下扣10元，排在第2的扣8元，排在第3的扣4元。百度当年靠这个做得很好。

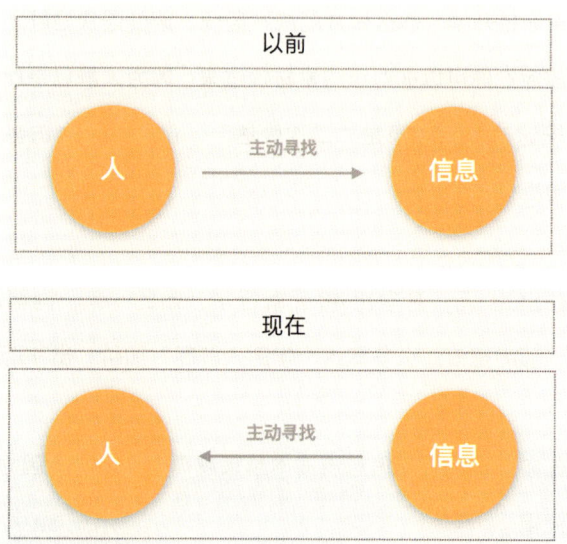

但是今天呢？信息找人。为什么信息能找人？那是因为定向。为什么会有定向？那是因为你在刷视频的时候，源源不断地给这个平台"喂数据"。要记住"喂数据"这个概念，我们使用的任何软件，都是在给平台"喂数据"。

所以说当你使用App时，你的使用时长、点击率、停留、评论、点赞、转发，都是平台在你的头上给你打的不一样的标签，所以才会有这些定向。

如果不了解投放你可能会觉得：哇，我的隐私没有了！实际上这些还真只是算出来的。在中国甚至在世界上没有人敢监听你的手机，那样会被罚的。

简单理解这些大厂用的标签交叉技术，比如一个用户喜欢买零食，星期六星期天晚上看电影，买喜茶，买阿芙精油，那我就能判断此用户大概是 25 岁以下的女生。如果你天天买小孩衣服、尿不湿，那你大概率已经结婚，或大概率亲戚里有小孩。

所以说你的数据贡献越多，这种算法就越强，国内国外都一样。正是因为算法的崛起，信息流才可以彻底改变中国线上广告投放的行业格局。

回到刚才的问题，平台这套逻辑真的没有任何漏洞吗？大家想一想，如果我们有一个办法，可持续领先对手"下注"，是不是可以抢得先机？别人不是要抄我？那我就持续不断生成新创意投放。抄，也是有滞后性的。因为平台不会实时推送，一定是效果好（成本低转化好）的人群包 + 素材打点才会被推送。

例如，如果我投出来成本 1000 元的人群包，平台不会傻到立即把这 1000 元成本的人群包推给同行，那谁还会投广告！所以我要不断做素材创意，把成本降低，成本降低了我就受益。

所以说这中间的时间差就出来了，有了这个时间差，我就做好素材，通过 MAP 持续领先。大家不要小看这个领先的时间窗口，它完全可以让你的成本比现在降低 30%~50%。

这就是 MAP 最重要的作用：不断持续通过矩阵的方式创造优秀创意，持续领先对手，持续保持投放领先。根据统计，MAP 投放方法论不只适合电商、医美、在线教育、房产等行业，它还是一个适合线上所有效果广告投放的方法论。它脱胎于 4P 营销理论，再加上电商的"人货场"逻辑，所以在各行业都适用，而且实操验证有效。

培养投手

MAP 投放方法论已经全部讲完了，最后讲一下投手的培养。很多企业主听完这个方法论，问的第一个问题就是：能推荐靠谱的投手吗？我们公司投手的能力就像你说的很差啊！所以我们好好聊聊这个行业的投放人群的能力模型。

网上一个段子特别火，大概的意思是，有人调研了很多大的广告公司的人，里面举的例子是奥美，说奥美集团的总监 40 多岁了年薪才 35 万元，蓝色光标工作了 11 年的撰文指导组长月薪 9000 元，很多高大上的广告公司的新人起薪都是 4000 元到 5000 元，说这 10 年做互联网运气真的太好了，很多能力比奥美差很多的人去了 BAT，结果薪资比奥美做了很多年的人还高很多。最后的结论是，薪资水平很大程度上是由行业决定的，特别是有资本注入的行业，所以薪资高低和能力无关。

我特别能理解广告行业的前辈们，他们当年做创意，比如一个洗发水广告，可能会努力营造女孩子心中的梦幻场景，如婚礼、舞会等，在这些场景里，女孩子们都希望自己漂漂亮亮的。那时候的洗发水品牌如潘婷、海飞丝，用15秒钟就能讲一个让用户有代入感的好故事，还能把产品卖点讲得清清楚楚，促使用户下单。

但现在的广告，如线上广告，特别是线上效果广告，已经变成什么样了？"低俗+恶俗"，博眼球吸引点击率，秀下限。与之相反的是，流量优化师、投放优化师的工资早已超过了传统广告创意总监的平均工资。烧流量、强投放、抢曝光，原创意识淡薄，火起来的歌曲基本都是老歌改编，剧情号大部分也是翻拍电影桥段，真正的创新少之又少。

但这种炒剩饭能持续多久呢？这波火过后该怎么办呢？你能说现在的95后和00后没创意吗？别开玩笑了，人家才是热门话题的创造者。所以思来想去，唯一的解释即导致广告营销水平停滞的原因只有一个：唯数据论的短期投机主义。

反正老板也没有耐心，反正我就是要增长，什么手段我不管的。企业需要增长讲故事，投手也需要增长给自己贴金。广告投出去，一定要看1天转化率和ROI，最多看3天的，7天的都觉得便宜投放人员了。在这种重压之下，投手或创意人员只能找短平快的素材，什么火我抄什么，平台喜欢什么我做什么，然后就是内卷，持续不断地内卷，最终导致大盘获客成本不断上涨。

当然说这些不是说大家以后不要给投手压力、招聘只找创意人才，而是说当你拿到一份投手的简历后，你要多问他几个为什么。

（1）为什么投手能投出来这么好的ROI，投手能把原理讲清楚吗？投手讲的面试官能听懂吗？是否在套路面试官？

（2）这个 ROI 里面，哪些是投手操作的贡献，哪些是品牌力贡献，哪些是行业红利？是否知道如何区分？如果不能区分，那如何定义投手工作的有效性？

（3）针对现在流量上涨的困境，投手根据之前的工作经验会怎么思考？如何破局？面试官听完觉得靠谱吗？如何判定？

大家可能觉得这也太苛刻了，但我认为，这才是泡沫时代挤掉泡沫的办法，既然刚毕业的大学生工作 1~2 年，花了几百万元推广费，第三年跳槽就能要每月 40000~60000 元底薪（一线城市），那为什么不能多问几个为什么呢？这么浮躁的薪资环境是谁造成的？

我们不能沦为机器的附属，未来也不能被机器取代，我们应该通过自己的智慧和创意驾驭机器。所以我认为，一个好投手至少是这样一个广告人，他知道：

广告的目的是什么？
广告的基本原理是什么？
如何做出一支好广告？
好广告的标准是什么？

所以，希望投手们别再沉迷"起量大法""跑量技巧"，要关注产品本身，关注用户需求本身，关注创意本身。回到祖师爷的那些话：

"顾客不是白痴,她是你的妻子。"

"如果一支广告没有产生销量,那它就没有创意。"

"每一支广告都是对品牌形象的长期投资。"

"真正决定消费者购买与否的关键在于广告内容。"

共勉!

后 记

小黑书没有第 3 季

感谢你看到了这里。

坦白说，第 2 季差点儿就没有了。所幸，寻着第 1 季《幕后大脑》的读者反馈，在放弃之前，我们想到了一个值得做的新选题。

显然，在很长一段时间内，可能都不会有这样的运气。因此，我们很确信，小黑书不会有第 3 季。

如果你想到了一个能让我们非做不可的选题，请发邮件到 2915627816@qq.com，告诉我你的想法。我不敢保证一定采纳你的建议，但一定会认真阅读，并回复你我的想法。

如果真的又找到了这样一个选题，那么，我们第 4 季见。

再次感谢你的阅读。

鬼鬼
2021 年 11 月 22 日于武汉汇博苑

活动发起方： 广告常识　　好好想想
数英　　4A 广告提案网

首席联合出品： 文案君　　文案与美术
（按首字母排序）

首发推荐媒体： 地产创意观　　地产广告库
（按首字母排序）
顶尖文案　　DoMarketing-营销智库
飞机稿　　广告百货
广告界　　广告情报局
广告热搜榜　　广告头牌
广告营销风云榜　　巨土文化
空手　　梁将军
木木老贼　　PR 人
软文文案　　首席品牌官
苏绪柒　　唐军师
TopMarketing　　文案包邮
文案范例　　文案怪谈
文案匠　　文案猎头
文案收藏夹　　营销最前线